华夏文库·佛教书系

# 洛都圣像
# 龙门石窟

陈晶鑫 著

大地传媒　中州古籍出版社

# 《华夏文库》发凡

毫无疑问，每一个时代都有属于自己时代的精神追求、文化叩问与出版理想。我们不禁要问，在 21 世纪初叶，在全球文明交融的今天，在信息文明的发轫初期，作为一个中国出版人，我们正在或者将要追求什么？我们能够成就或奉献什么？我们以何种方式参与全球化时代的文化传播进程？在一连串的追问下，于是，有了这套《华夏文库》的出版。

自信才能交融。世界各大文明在坚守自身文化个性的同时，不约而同地加快了探视其他文化精神内涵的步伐，世界不同文明正在朝着了解、交流、碰撞、借鉴与融合的方向前进。在此背景下，建立自身的文化自信，正是与世界各文明民族进行文化交流的基本要求。五千年中华文明与文化正在不断地被其他文明所发现、所挖掘、所认知，汉语言正在生长为世界语言，儒文化正在世界各地生根发芽。

借助这样一种正在成长着的文化自信、自觉、开放、亲和之力，用我们这个时代的学术眼光全面系统梳理中华五千年的文明与文化，向其他各大文明与文化圈正面展示自我，让中华优秀文化成为世界文化的重要组成部分，正是我们出版这套文库的目的之一。此其一。

知己才能知彼。身处五千年文化浸润的今天，重新思考我们先人的人生思考、价值思考与哲学思考，找到一个民族、一个国家的价值所在、立命所在、安身所在，这已经是我们这个时代的学人与出版人不得不再思考的问题。作为中华文明的一分子，我们在思考的同时，还必须了解我们的先人创造了如何优秀的精神文明与物质文明以及社会文明。只有熟知自己的文化，热爱自己的文化，悟明自己的文化，我们才能宣说自己、弘扬自己、光大自己。因此，我们策划组织这套《华夏文库》的初衷，还在于让当下的知识青年全面系统瞭望中华文明与文化的全景，并借此能够对更为深广的世界各民族文化提供一个比较认知的基础。此其二。

顺势才能有为。我们正处在农耕文明、工业文明、信息文明的交汇处，信息文明带领我们从读纸时代进入读屏时代，以智能手机屏幕为代表的书籍呈现方式正在与纸质书籍争夺阅读时间与空间。我们正在领悟数字技术，正在以信息文明的视角，去整理、分析和研究农耕文明与工业文明的文化遗产，不仅仅是为了唤醒优秀的传统文化，我们还在生发和原创着当今时代的文化。由此，我们试图架起一座桥梁——由纸质呈现而数字呈现，由数字呈现而纸质呈现，以多媒介的书籍呈现方式，将文字、图像、声音与视频四者结合，共同筑成《华夏文库》以奉献给信息文明时代的新读者。此其三。

总之，这是一套——专家大家名家写小书；以最小的阅读单元，原创撰写中华精神文化、物质文化与社会文明系列主题与专题；以图文、音视频多媒介呈现的方式，全面介绍与传播中华文明与优秀文化，系统普及与推介中华文明与文化知识；主旨是为了让世界与中国共同了解中国的——大型丛书，借此，复兴文化，唤起精神，融入世界。

耿相新<br>2013 年 6 月 27 日

# 目 录

## 一 历史之龙门

1 形胜之地 ⋯⋯⋯⋯⋯⋯⋯⋯⋯⋯⋯⋯⋯⋯ 2
2 佛教圣地 ⋯⋯⋯⋯⋯⋯⋯⋯⋯⋯⋯⋯⋯⋯ 11

## 二 艺术之龙门

1 龙门之雕塑 ⋯⋯⋯⋯⋯⋯⋯⋯⋯⋯⋯⋯⋯ 24
2 龙门之铭刻 ⋯⋯⋯⋯⋯⋯⋯⋯⋯⋯⋯⋯⋯ 103
3 龙门之文学 ⋯⋯⋯⋯⋯⋯⋯⋯⋯⋯⋯⋯⋯ 125

## 三 考古之龙门

1 唐宋佛寺遗址 ⋯⋯⋯⋯⋯⋯⋯⋯⋯⋯⋯⋯ 140
2 唐宋时期墓葬 ⋯⋯⋯⋯⋯⋯⋯⋯⋯⋯⋯⋯ 145
3 文物保存现状与维护 ⋯⋯⋯⋯⋯⋯⋯⋯⋯ 151

# 小知识目录

偃师商城 ······ 3
龙门峡谷 ······ 4
《水经注·洛水》关于伊阙 ······ 7
《洛阳伽蓝记》 ······ 7
《元和郡县图志》 ······ 8
《唐诗纪事》 ······ 10
太武毁佛 ······ 15
神会 ······ 18
三阶教 ······ 18
开元三大士 ······ 21
义净 ······ 22
中国的石窟寺 ······ 24
佛像袈裟 ······ 31
邑社 ······ 32
三世佛 ······ 38
佛本生故事 ······ 39
萨埵那太子舍身饲虎 ······ 39

须达拿太子施舍 …… 39

《佛顶尊胜陀罗尼经》与《般若波罗蜜多心经》 …… 46

皇甫公 …… 52

歇山顶殿堂 …… 52

药方洞药方 …… 57

魏王李泰 …… 61

王玄策 …… 61

刘腾 …… 65

敬善寺题记 …… 71

双窑南洞千佛 …… 76

惠简洞题记 …… 82

《河洛上都龙门山之阳大卢舍那像龛记》 …… 88

卢舍那佛 …… 89

九品往生 …… 91

八作司 …… 93

禅宗二十九祖 …… 95

高平郡王武重规 …… 97

擂鼓台中洞罗汉名 …… 100

龙门书品 …… 105

褚遂良 …… 124

龙门石窟的人为破坏 …… 149

# 一 历史之龙门

河南省洛阳市龙门石窟，与甘肃省敦煌县莫高窟、山西省大同市云冈石窟，并称为中国三大石刻艺术宝库。不同于后两者的地处偏远，洛阳地处中原文化的中心地域，自古就是人文鼎盛之地，中华文明兴盛之所。"汉明求法"之后，洛阳成为汉传佛教重地，而龙门在北魏孝文帝迁洛之后，因其地理地形之优势，更逐渐成为佛教之圣地。

# 1. 形胜之地

在中华文明漫长的历史长河中，无论洛阳还是龙门，都扮演了极为重要的角色。这一切并非偶然，这与两者重要的地理位置以及独特的地形条件有着密切的关系。

**河洛之阳**

洛阳市位于河南省西部，横跨黄河中游南北两岸，"居天下之中"，素有"九州腹地"之称；四周群山环绕、雄关林立，因而有"八关都邑""山河拱戴，形势甲于天下"之称，是中国历史上著名的都城之一。由于四面环山，且伊、洛、涧、瀍四水交汇其间，洛阳地区实际为一处盆地地形，盆地内南北高、中间低，略呈槽形。北部为邙山黄土丘陵，中部是呈三级阶地的伊、洛河冲积平原，南部为万安山低山丘陵和山前洪积冲积坡地。盆地呈东西狭长的椭圆形，地势自东向西倾斜，盆地内西部海拔150米左右，向东逐渐降至110余米。整个盆地的总面积逾1000平方公里。

洛阳城，北隔邙岭，为天堑黄河；南面群山，有辚辕关、大谷关和伊阙关可资据守；东出黑石关、虎牢关可达郑州；西扼函谷关、潼关，连接八百里秦川；雄踞"天下之中"，东压江淮，西挟关陇，北通幽燕，南系襄荆，人称"八方辐辏""九州腹地""十省通衢"。另有传说洛阳是中华大地的龙脉集结之所，所以历朝历代均为诸侯群雄逐鹿中原的必争之地，成为历史上最重要的政治、经济、文化中心。《史记·封禅书》即有云："昔者三代之君，皆在河洛之间。"远在公元前21世纪，嵩洛之间就是夏王朝的中心区域。《周书·度邑》："自洛汭延于伊汭，居易毋固，其有夏之居。"考古发现和研究表明，时代距今约3850～3550年，相当于我国历史上的夏、商王朝时期的洛阳偃师二里头遗址，很可能就是夏王朝的都城。而地处同一区域相当于都城规格的偃师商城的发现，则为商王朝时期洛阳的重要地位作出了详细的注脚。

此后，东周、东汉、曹魏、西晋、北魏、隋、唐、后梁、后唐诸朝，均曾建都于此，前后绵延1100余年，是中国八大古都中建都最久的城市。

---

小知识◎偃师商城

中国商代都城。遗址在河南偃师西塔庄村。1983年发现并开始发掘。1988年国务院公布为全国重点文物保护单位。城平面呈长方形，南北长约1700米，东西宽约1200米。城墙为夯筑，已找到城门7座。城内有多处宫殿区。其中1号宫殿区长宽均在200米左右，有围墙环绕，内有数座建筑基址。

其中的4号基址包括正殿、廊庑和主门、侧门。还发现用石板围砌的排水道，长800余米。墓葬均为中小型。城中出土的遗物有陶、石、骨、蚌、铜器等。是迄今发现的中国早期城址中时代最早、规模最大、保存最好的城址。有人认为该城是商代早期商汤所都的"西亳"，有人认为是商初的桐宫，也有人认为是商代中期与郑州商城年代相近的又一个都城。

## ◎龙门峡谷

龙门地区为峡谷地形，地质命名为龙门峡谷。峡谷位于秦岭东西复杂构造带北亚带，洛阳盆地的东南部，嵩山背斜的北翼，南北长约1200米，东西宽约150～250米，谷深约120米，峡谷走向略呈南北向。谷内河窄水急，两岸有两级阶地，分别高出伊河水面15～20米和40～50米。龙门峡谷南端为寒武纪中世石灰岩。其下，在伊河东岸，距峡谷口约500米处可见下寒武纪紫色加灰绿色页岩。其上，为上寒武纪和中、下奥陶纪石灰岩。峡谷口北，为石炭纪及二叠纪的沙页岩层。峡谷两岸共有十口泉水，出露点一般高于伊河水面2～5米，多年平均径流量为每秒0.229立方米。各泉温度无大差别，一般为24℃～25℃，流量及水温年变化均不明显。

龙门地区属温带半干旱大陆性季风气候区，其特点可以概括为：春季干燥风较多，夏季炎热降水多，秋季昼暖夜寒温差大，冬季寒冷寡照雪稀少。多年平均气温为14.7℃，最高达44℃，最低为−20℃。全年无霜期为218天，年平均降雨量为696.9毫米，多年平均蒸发量为1760毫米。最大风速可达9级。

## 古之伊阙

龙门位于洛阳老城南12.5公里。伊水在镇南由南向北劈山而过，形成东西两山之对峙。东山又名香山，海拔371.8米；西山又名龙门山，海拔307.6米，山清水秀，景色宜人。久居洛阳并最终葬于香山的唐代诗人白居易曾说过："洛都四郊，山水之胜，龙门首焉；龙门十寺，观游之胜，香山首焉。"

龙门古称"伊阙"，自古为兵家必争之地。早期文献也有称之为"阙塞"，如《左传·昭公二十六年》七月条云："晋知跞、赵鞅帅师纳王，使女宽守阙塞。"西晋学者杜预注解此段时认为："阙塞，洛阳西南伊阙口也。"之后在文献中，伊阙的出现更是大多与军事战争有关。如《战国策·西周策》："秦攻魏将犀武，军于伊阙，进兵攻周，既而犀武败于伊阙。"《史记·白起列传》：秦昭王十四年（公元前293年）"白起为左更，攻韩、魏于伊阙，斩首二十四万"。《史记·周本纪》：周赧王五十九年（公元前256年）"西周君背秦，与诸侯约从，将天下锐师，出伊阙攻秦，令秦毋得通阳城"。到了东汉时期，伊阙已经成为拱卫国都洛阳的八关之一。据《后汉书·灵帝纪》记载：中平元年（184年）"以河南尹何进为大将军，将兵屯都亭。置八关都尉官"。此八关即函谷关、广城关、伊阙关、大谷关、镮辕关、旋门关、小平津关、孟津关。之后，东汉张衡（78～139年）的《东京赋》、曹魏曹植（192～232年）的《洛神赋》、西晋陆机（261～303年）的《洛阳记》以及北魏郦道元（约470～527年）的《水经注》等文献史料中，都将此处称为"伊阙"，其中尤以《水经注》为详。郦道元在《水经注·洛水》中这样写道：洛水"又东北过伊阙中，伊水径前亭西。……伊水

**伊河泛舟**
每年4月之后,伊河水位上涨,可乘船游览龙门

又北入伊阙,昔大禹疏以通水,两山相对,望之若阙,伊水历其间北流,故谓之伊阙矣"。

伊阙之后的历史就开始与佛教紧密联系起来。如《魏书·释老志》中记载:"景明(500～503年)初,世宗诏大长秋卿白整准代京灵岩寺石窟,于洛南伊阙山,为高祖、文昭皇太后营石窟二所。"《魏书·肃宗纪》:熙平二年(517年)三月乙卯"皇太后幸伊阙石窟寺,即日还宫"。杨衒之所著《洛阳伽蓝记》中记道:"京南阙口,有石窟寺、灵岩寺。"此处,阙口当指伊阙。

而在这之前的古代文献中,所谓龙门者,并不是伊阙,而是韩城河津间,黄河穿过之峡口。

小知识◎《水经注·洛水》关于伊阙

"又东北过伊阙中，伊水径前亭西。《左传》昭公二十二年，晋箕遗、乐征、右行诡济师，取前城者也。京相璠曰：今洛阳西南五十里伊阙外前亭矣。服虔曰：前读为泉，周地也。伊水又北入伊阙，昔大禹疏以通水，两山相对，望之若阙，伊水历其间北流，故谓之伊阙矣，《春秋》之阙塞也。昭公二十六年，赵鞅使女宽守阙塞是也。陆机云：洛有四阙，斯其一焉。东岩西岭，并镌石开轩，高甍架峰，西侧灵岩下，泉流东注，入于伊水。傅毅《反都赋》曰：因龙门以畅化，开伊阙以达聪也。阙左壁有石铭云：黄初四年六月二十四日辛巳，大出水，举高四丈五尺，齐此已下。盖记水之涨减也。右壁又有石铭云：元康五年，河南府君循大禹之轨，部督邮辛曜、新城令王琨，部监作掾董猗、李褒，斩岸开石，平通伊阙，石文尚存也。"由此我们得知，在曹魏时期，龙门地区设有朝廷的水文站，以记录当时洛水的涨消，并以石刻记之；这些石刻在北魏时期还存在，可惜今天早已湮灭于历史的长河之中。

## ◎《洛阳伽蓝记》

北魏杨衒之（生卒年不详）著。是一部集历史、地理、佛教、文学等内容于一身的名著。东魏孝静帝武定五年（547年），杨衒之行经北魏旧都洛阳，当时正值永熙（532～534年）

年间兵乱之后，目睹贵族王公耗费巨资所建之佛寺已多成废墟，深有所感，乃著《洛阳伽蓝记》一书，分城内、城东、城西、城南、城北五卷叙述，记录洛阳及城郊诸大寺之建寺缘起及建筑结构、北魏时洛阳佛寺园林兴衰梗概，并记载了当地人物、风俗、地理及传闻掌故，文中揭露了北朝贵族官僚的穷奢极欲，寓有讥评之意。其文笔艳丽秀逸，叙事繁而不乱，骈中有散，颇具特色，而且具有史料价值。与郦道元《水经注》一起，历来被认为是北朝文学的双璧。作者杨衒之为北魏北平（今河北满城北）人。《史通》及晁公式之《读书志》中误作羊衒之。曾任抚军府司马、秘书监、期城郡太守等职。博学能文，精通佛教经典。

◎《元和郡县图志》

　　唐·李吉甫（758～814年）所撰。元·马端临《文献通考》："陈氏曰（引宋·陈振孙）：李吉甫撰。自京兆至陇右，凡四十七镇。篇首皆有图，今图不存。" 该书是中国现存最早的一部地理总志。书成于元和八年（813年），次年又作了补充。全书按唐制分10道，首起京兆府，末尽陇右道，共47镇。每镇篇首附图，故名。至宋，图亡志存，名为《元和郡县志》。四库馆臣的评价也很高。李吉甫，唐代政治家、地理学家，字弘宪。赵郡（今河北赵县）人。唐肃宗乾元元年（758年）生于赵州赞皇（今河北赞皇），唐宪宗元和九年（814年）卒于相位。历任刺史、淮南节度使、中书侍郎、平章事等官职。

## 今之龙门

那么，伊阙改称"龙门"，又是始于何时呢？

根据目前已有文献，把伊阙称为"龙门"，始于隋代，更准确地说，始于隋炀帝时期。《元和郡县图志》卷五《河南府条》云："初，炀帝尝登邙山，观伊阙，顾曰：'此非龙门耶？自古何因不建都于此？'仆射苏威对曰：'自古非不知，以俟陛下。'帝大悦，遂议都焉。"从隋唐之东都洛阳城的营建来看，洛阳宫城之端门，与外郭城之定鼎门，正对着伊阙。由于封建帝王们又常自比为"龙"，因而就将这正对着皇宫的天然门户改称为"龙门"了。不过，初唐时，"伊阙"之名，有时仍被时人引用，如宾阳洞外著名的唐贞观十五年（641年）由中书侍郎岑文本为唐太宗四子魏王李泰所撰、谏议大夫褚遂良所书的《伊阙佛龛之碑》，就是很好的一个例子。又如贞观二十二年（648年）洛阳河南县思顺坊老幼等《造弥勒像记》记曰"地耸双阙，壁映千寻"，再如韩父雅之《造像记》记曰："于伊阙寺敬造石□一龛（按：石字下应缺一'像'字）并二菩萨……"直到唐高宗时期，石刻中的题记才正式出现"龙门"一名，比如老龙洞中一题记："清信女常泰为过去二亲于龙门岩，敬造阿弥陀佛一铺……显庆二年。"而到了武则天时期，"龙门"一词已多见，并在文学史上占据了一席之地。武则天在龙门香山寺亲自导演了一场"香山赋诗夺锦袍"的诗坛盛会，在有唐一代诗坛上闪烁着夺目的光辉。《唐诗纪事》卷十一载："武后游龙门命群臣赋诗，先成者赐以锦袍。左史东方虬诗成，拜赐。坐未安，之问诗后成，文理兼美，左右莫不称善，乃就夺锦袍衣之。"在这次盛会中最后夺得锦袍的宋之问即以一首《龙门应制》而胜出。之后唐

一　历史之龙门 | 9

宋及其后的诗人、词人作品中便常见"龙门"一名之使用。

"龙门"之名称，始于隋，中经唐、宋，直至元、明、清，都沿袭这一名称。所以，位于此处的石窟，便称为"龙门石窟"。

---

小知识◎《唐诗纪事》

《唐诗纪事》为唐代诗歌集，凡81卷，南宋·计有功编。《四库全书》收于集部诗文评类。是书采摘繁富，自唐初至唐末300年间，共收录1150位诗人的部分诗作，先后编次，且详略适当，又辑集本事与品评，兼记世系爵里，既是唐代诗歌总集，又是唐宋有关诗评的汇编，此亦其特色。其规模较大，材料颇丰，为唐诗研究提供了宝贵的资料。计有功，生卒年不详，字敏夫，号灌园居士，临邛（今四川邛崃）人，张浚从舅。宣和三年（1121年）进士。

## 2. 佛教圣地

自"汉明求法，白马西来"之后，洛阳就成为中土佛教重镇，佛法一脉而承。两晋南北朝直至后世，因统治者多崇佛重佛，洛阳佛教传法不辍。洛阳城虽因战乱频仍，屡有毁废，佛教却并未因此衰亡，反因契合乱世，多次重兴。这期间，龙门石窟的开凿堪为洛阳佛教史上又一华章。

**石窟概貌**

龙门石窟开创于北魏孝文帝迁都洛阳之际，即太和十七年（493年）前后。自北魏以降，中经东魏、西魏、北齐、北周、隋、唐、五代、宋，以至元、明诸朝，龙门石窟断断续续经历了约400余年的开凿。伊河两岸南北长达1公里的崖壁上，大大小小的窟龛鳞次栉比，蜂巢一般，蔚为壮观。在龙门石窟的营造史上，大规模开窟造像活动主要集中于两个时期：一是北魏孝文、宣武和孝明三帝时期，计约35年；二是唐代太宗、高宗、武后和玄宗四帝时期，计约110年。这两个时期都是

**如蜂窝般密布的西山洞窟**
西山中段大小石窟布满崖面,如同蜂窝般密集

龙门开窟造像的高潮,历时近150年。至于其他时期则只是零星开凿或补凿,且规模较小。据统计,两山现存窟龛2345个,造像10万余尊,碑刻题记2800多块(通),佛塔50多座。在整个石窟中,北魏造像约占三分之一,全部在西山,最有代表性的洞窟有宾阳中洞、莲花洞、古阳洞、火烧洞、皇甫公窟和魏字洞等;唐代造像几乎占三分之二,大部分在西山,自武则天时开始转移到东山,最有代表性的洞窟有潜溪寺、宾阳南洞、宾阳北洞、万佛洞、奉先寺大卢舍那像龛、八作司洞、龙华寺、极南洞以及东山擂鼓台三洞、看经寺、二莲花洞、四雁洞等。在这些洞窟中,以古阳洞开凿为最早,内容最为丰富;宾阳三洞最为富丽堂皇;大卢舍那像龛规模最大,造像艺术最为精湛。其余窟龛造像,

同样丰富多彩，姿态各异。龙门石窟窟龛的开凿，特别是造像的塑造，技法娴熟，匠心独具，形神兼备，栩栩如生，体现了北魏和盛唐时期佛教石窟艺术的最高水平，在一定意义上甚至可以说代表了中国古代民族雕塑艺术的巅峰水平。

## 北魏初创

北魏太武帝（424～452年在位）晚期，由于一系列政治、经济、社会因素如灭佛政策（446年）等的影响，阶级矛盾和民族矛盾日益尖锐，北魏政权的统治开始衰弱。文成帝（452～465年在位）继位，为维持北魏统治，马上颁布了恢复佛教的诏书，以期消除太武灭佛所带来的不利影响。诏书中特别强调佛教"助王政之禁律，益仁智之善性，排斥群邪，开演正觉"（见《魏书·释老志》）。接着，文成帝"诏有司为石像，令如帝身。既成，颜上足下各有黑石，冥同帝体上下黑子"。兴光元年（454年）秋，又敕有司在京师（平城，即今大同）"五级大寺内，为太祖已下五帝（即道武帝、明元帝、太武帝、景穆帝和文成帝自己）铸释迦立像五，各长一丈六尺"。文成帝以北魏帝王形象为蓝本雕凿佛像，一方面固然为了祈求他们自身的安全和冥福；另一方面，更重要的，显然是要继续利用灭佛之前，佛教徒宣扬皇帝"即是当今如来"的欺骗手段，缓和阶级矛盾，瓦解人民的反抗意志。460年，在文成帝的支持下，高僧昙曜在平城（大同）武州塞（云冈）开凿石窟，拉开了佛教石窟艺术在中土发展的大幕。其后的孝文帝为了进一步缓和阶级矛盾与民族矛盾、维护统治，亲政之后大力推行汉化改革，同时又大力推广、利用佛教，麻痹民众，使其澄心净虑，专以礼佛修行为业；而这又反过来促进了佛教的发展，北魏境内，各阶层民众大

**北魏永宁寺遗址**

洛阳永宁寺是北魏后期都城洛阳的重要佛寺故址。当时位于北魏宫城的西南侧，占地面积达9万平方米。它是一座以佛塔为中心的佛寺，是专供皇帝、太后礼佛的场所，为北魏后期熙平元年(516年)灵太后胡氏所建，永熙三年(534年)被大火焚毁。遗址位于今河南省洛阳市东15公里的汉魏洛阳城址内。据杨衒之《洛阳伽蓝记》追述，永宁寺塔为木结构，高九层，一百丈，一百里外都可看见。据其他资料记载，塔高四十九丈或四十余丈，合今136.71米左右，加上塔刹通高约为147米，是古代最伟大的佛塔之一，是现存最高木塔山西应县木塔高度(塔高67.31米)的两倍。遗址于1963年由中国科学院考古研究所勘察，1979～1981年发掘。迄今尚存塔基遗迹，为高大的土台

肆营造佛寺，佛寺建造空前繁盛；特别是孝文帝迁都洛阳之后，洛阳更是成为中土佛教的中心，城内"招提栉比，宝塔骈罗；争写天上之姿，竞摹山中之影；金刹与灵台比高，广殿共阿房等壮"（见《洛阳伽蓝记》）。因而，龙门石窟的开凿，也就顺理成章并且日益兴盛了。

**小知识◎太武毁佛**

  北魏政权为了统一北方，巩固在中原的地位，以全民为兵。那时，由于沙门历来可以免除租税、徭役，所以锐志武功的太武帝就在太延四年（438年）下诏，凡50岁以下的沙门一律还俗服兵役。他还听信宰相崔浩的劝谏，改信天师道，排斥佛教，并渐次发展为灭佛行动。太平真君五年（444年），太武帝下令：上自王公，下至庶人，一概禁止私养沙门，并限期交出私匿的沙门，若有隐瞒，诛灭全门。翌年，卢水的胡人盖吴在杏城（陕西黄陵）起义，有众10余万人。太平真君七年（446年），太武帝亲自率兵前去镇压，到达长安时，在一所寺院发现兵器，怀疑沙门与盖吴通谋，遂下令诛杀全寺僧众。崔浩趁机劝帝灭佛，于是太武帝进一步推行苛虐的废佛政策：诛戮长安的沙门，焚毁天下一切经像。太子拓跋晃一向笃信佛法，再三上表，劝阻太武帝。其意见虽未被采纳，但也因此，废佛的诏书得以缓宣，远近的沙门闻讯逃匿获免，佛像、经论亦多得密藏；然而魏国境内的寺院塔庙却无一幸免于难，史称"太武毁佛"或"太武法难"。

**唐之续盛**

有唐一代，李唐皇室多崇奉佛教，并多加扶持，佛教几与国教无异，而洛阳佛教，凭借统治者的大力支持，达于极盛。隋唐之际，佛教宗派大兴，洛阳因其政治、文化中心地位，一度成为各宗派集聚的中心。如法相宗玄奘三藏家于洛阳市西南郊缑氏陈河村，出家于洛阳净土寺。华严宗康法藏，家居洛阳，祖坟题记发现于龙门。实叉难陀于洛阳大遍空寺译出《华严经》八十卷时，法藏担任笔受，并亲授武后以契入华严境界。禅宗自达摩起即根于嵩洛，南北禅宗分化之后，北宗开创者神秀为唐廷所重，于久视元年（700年）为武则天遣使迎至洛阳，后召到长安内道场，时年90余岁；深得武则天敬重，命于当阳山置度门寺，于尉氏置报恩寺，以旌其德。中宗即位，更加礼重。神龙二年（706年）在天宫寺逝世，中宗赐谥"大通禅师"。弟子普寂、义福（行思）继续阐扬其宗风，盛极一时，时人称之为"两京法主，三帝门师"，两京之间几皆宗神秀。义福弘法嵩洛，后归葬于龙门。南宗六祖慧能之弟子神会，于天宝初（约742年）入洛大行南宗禅法，建荷泽寺于洛南，一时北宗渐修之法荡然，后神会归葬于龙门山宝应寺。净土宗二祖善导，高宗时受命为龙门大卢舍那像龛之检校僧。三阶教信行禅师布法，洛阳大福先寺立"三阶院"并设"无尽藏"。密宗"开元三大士"中善无畏、金刚智皆曾于洛阳译经，事后又皆葬于龙门，前者归葬于广化寺，后者归葬于奉先寺。相对应的，龙门石窟也留下了当时佛教各宗派的活动遗迹。如龙门优填王造像应与法相宗有关，武则天经营的大卢舍那像龛是依据华严宗经典《华严经》而雕凿的，东山擂鼓台中洞和看经寺的祖师群雕像与禅宗有直接关系，东山万佛沟的西方净土变龛当与净土宗有关,老龙洞北侧地藏菩萨龛属三阶教造像,万佛沟北崖的千手千眼观音龛、千手观音窟以及擂鼓台北洞均为密宗窟龛。另外还有道教造像,双窟外壁开元五年(717年)天尊一铺属道教造像等。这些都为研究当时佛教各宗派的活动情况以及相关宗教仪轨提供了实物材料。唐代佛教史上另一项重要活动——西行求法,相关事件也多与洛阳有关。如前所述玄奘生于洛阳,长于洛阳。义净发足洛阳,归于洛阳,葬于龙门。新罗惠超,乃少林寺法如之弟子,龙门西山484窟"新罗像龛"很可能与之有关。玄照两次赴印,客死异国,其所造观音像,遗存于龙门。然则,安史之乱过后,洛阳日渐凋敝,佛教也因之日益衰落,因而龙门窟龛的开凿也随之沉寂下去。后代虽间或有零星补凿,但已然不成气候了。

**千手千眼观音像龛**
位于龙门东山万佛沟,风化严重。为观音立像,体前六臂较突出,各有提物,如净瓶等。背后有千手,手上有眼,故名千手千眼观音像

## 小知识◎神会

神会（668～760年），荷泽宗之祖，俗姓高，襄阳（湖北襄阳）人。师从禅宗六祖慧能。开元八年(720年)奉敕配住南阳龙兴寺，大扬禅法，人称南阳和尚。天宝四年(745年)著《显宗记》，定南北顿渐两门，即以南慧能为顿宗，北神秀为渐教，"南顿北渐"之名由是而起；竭力攻击神秀之渐门，于是南宗日盛而北宗大衰。安史之乱平后，肃宗诏入宫内供养，并建造禅宇于荷泽寺中，诏请住之，故世称荷泽大师。乾元元年(758年)示寂，世寿75岁。敕谥"真宗大师"。

## ◎三阶教

隋唐时佛教宗派之一，隋代僧人信行创立。又称为三阶宗、第三阶宗、三阶佛法，或简称三阶。这是依三阶教的教判而立名的。三阶教把全部佛教依时、处、人分为三类，每类又各分为三阶。三阶教以苦行忍辱为宗旨，每天只吃一顿乞来的饭，以吃寺院的饭为不合法。在路上行走，见人不论男女，一概礼拜。竭力提倡布施。死后置尸体于森林，供鸟兽食，叫作以身布施。反对净土宗所提倡的念佛三昧，主张不念阿弥陀佛，只念地藏菩萨。说一切佛像是泥龛，不须尊敬，一切众生是真佛，所以要尊敬。这些宗旨与当时佛教界的理论和行持很不协调，因此不断受到打击，终至断绝。

## 石窟与当时社会

龙门石窟自北魏以降,就成为历代皇室贵胄发愿造像最为集中的地方,也可以说它主要是皇家意志和行为的体现,具有浓厚的国家宗教圣地色彩。如宾阳中洞和卢舍那大像龛,分别为北魏宣武帝和唐高宗、武则天所开凿,其造像颇具"诏有司为石像,令如帝身"之用意。这就给封建政权披上了宗教的外衣,把皇权的展示从宫廷移到了礼拜现场。又如古阳洞、宾阳南洞、万佛洞、慧简洞、极南洞以及未竣工的摩崖三佛龛等,都为皇室贵族许愿祈福之所。正是由于封建统治者直接经营,才能不惜民力,营造出如此规模宏伟而璀璨绚烂的洞窟。

**摩崖三佛**
位于龙门西山北端,敬善寺右上侧。正壁造像七身,主尊为倚坐弥勒佛。主尊左右为两身立佛作为胁侍,为龙门仅见。胁侍立佛两侧为两身结跏趺坐佛,在外侧为两身石胎,未完工。整个工程大致辍工于武则天末期

所以龙门石窟的兴衰嬗变与当时的政治、经济态势发展息息相关，它从一个侧面反映了中国历史上一些政治风云的动向。譬如北魏宾阳三洞的开凿，因主持者、宦官刘腾病死而辍工；唐代宾阳南洞的复凿，起于唐太宗四子李泰的政治理想；再如卢舍那大像龛的完成，高宗、武则天的襄助至为重要；摩崖三佛龛的开凿，很可能是由于武则天退位而被搁置等。这些都为中国历史上政教之间的相互影响提供了很好的例证。

与此同时，在北魏、李唐皇族显贵狂热崇佛奉佛的影响下，佛教已极大地融入到当时社会文化的各个层面，各阶级、阶层的生活均无可避免地与佛教发生着各种各样的联系，这也为佛教在中国的进一步发展提供了有利的条件。而作为当时社会文化中坚的文人墨客，亦概莫能外，在龙门，至今仍流传着众多历史文化名人与龙门石窟的种种故事。

在这些故事中，年代最早的当属大禹治水、开凿伊阙的传说。除前文《水经注》所述以外，《汉书·沟洫志》中也有贾让奏曰："昔大禹治水，山陵当路者毁之，故凿龙门，辟伊阙。"当然，我们现在都知道伊阙的产生是自然的伟力所成，但这并不影响当时人们对于英雄的赞叹。到了唐宋时期，由于龙门皇家石窟的特殊地位，越来越多的历史名人也随之与龙门发生了种种联系，这其中最多的，就是诗人。除了前文中武则天的"香山赋诗夺锦袍"大会以外，唐代诗人，如李白、杜甫、白居易、韩愈、韦应物、刘禹锡、元稹、孟浩然等，皆有登游龙门的诗作佳文传世。这其中，与龙门渊源最深的，当属写实派大诗人白居易。大和三年（829年），白居易诏受太子宾客，分司东都洛阳，从此开始了与洛阳以及龙门的不解之缘。从大和三年开始直至会昌六年（846年）秋天八月去世，白居易晚年在洛阳生活了18年，特别是会昌二年（842年）"停官致仕"之后，他就一直居住在龙门香山寺中，并自号"香山居士"。香山寺位于龙门伊水东岸南麓，环境清幽、景色秀丽。大和六年（832年），白居易用元稹家人答谢他的"润格"，计约六七十万钱，重修了香山寺，使渐趋颓败的旧寺亭台楼榭，"与往来者耳目一新"（见《修香山寺记》）。致仕之后，白居易又与当时居住附近的胡杲、吉皎、郑据、卢真、张浑、刘真、李元爽、僧人如满等八人组成"香山九老"，白衣鸠杖，放情山水，或行吟山林，或啸唱泉边，写下了众多歌咏龙门山水的诗篇。"空门寂静老夫闲，伴鸟随云往复还。家酿满瓶书满架，半移生计入香山。"（见《香山寺二绝》之一）这正是白居易晚年生活的写照。会昌六年（846年）八月，一颗闪耀诗坛数十载的巨星在龙门陨落。白居易的家属根据他的遗愿，将他葬了龙门香山寺下，而他的长眠之所，就是今天龙门东山的白园。

在魏唐时期，除了上层人士以外，当时处于社会底层的平民百姓也多有开龛造像许愿祈福的活动，如在龙门石窟中就有大量各时期平民百姓开龛造像题记，这表明佛教信仰和佛教文化在当时已经广泛普及，已经渗透到社会各个阶级、阶层，并极大地影响了社会生活。

## 小知识◎开元三大士

唐玄宗开元年间，三位印度僧人善无畏、金刚智和不空来到中国传教，并创立中国佛教密宗，经发展成为中国佛教八大宗派之一，佛教史上称这三位僧人为"开元三大士"。

◎ 义净

　　义净（635～713年），唐代僧人，旅行家，中国佛教四大译经家之一。俗姓张，字文明，祖籍范阳（今河北涿县），一说齐州（今山东济南）。唐高宗咸亨二年（671年）十一月间，他从广州搭乘波斯商船泛海南行，一路到达室利佛逝（今苏门答腊）、末罗瑜（后改隶室利佛逝）、羯荼等国，于咸亨四年（673年）二月到达东印耽摩梨底国。其后，他前往中印，经历30余国，求得梵本三藏近400部，合50余万颂。武周证圣元年（695年），他归抵洛阳。自久视元年（700年）到睿宗景云二年（711年），译抄经典并撰述共61部，239卷。玄宗先天二年（713年）正月，卒于长安大荐福寺翻经院，享年79岁。

## 二 艺术之龙门

龙门石窟作为我国石刻艺术三大宝库之一，令人称奇的不仅仅有宏伟壮丽的石窟雕塑，更有众多传抄后世的题记铭刻以及流芳千古的文学佳品，这三者共同构成了令世人惊艳的龙门艺术宝库。

# 1. 龙门之雕塑

石窟寺,是在河畔山崖开凿的佛教寺庙,是地面佛寺的石化形式,也可简称为石窟,最早产生于古印度。随着佛教的东传,石窟寺作为佛教艺术的一种重要表现形式也逐渐传入东土。中国境内最早的石窟寺约始于3世纪,且多分布在当时的西域各国(即今新疆地区)。到了南北朝时期,佛教开始在中土盛行,石窟也随之慢慢在东土各地盛行起来。

小知识◎中国的石窟寺

中国的石窟可分为七类:第一,窟内立中心柱的塔庙窟;第二,无中心塔柱的佛殿窟;第三,供僧人生活起居和禅行的僧房窟;第四,塔庙窟和佛殿窟中雕塑大型佛像的大像窟;第五,佛殿窟内设坛置像的佛坛窟;第六,僧房窟中专为禅行的小型禅窟(罗汉窟);第七,小型禅窟组成的禅窟群。

## 古阳滥觞

4世纪初到5世纪初的百余年间，中国中原北方地区长期处于社会大动乱中，连年的战争，种种的天灾人祸，人民长期生活在极端的艰难困苦之中。在这样的社会大背景之下，一方面是统治阶级刻意的导向，而另一方面，佛教教义中所特有的"因果报应""生死轮回""众生平等"之说给善良的人们向往安定幸福的生活带来了精神上的寄托，因此，佛教应时而盛，得到空前发展。而为了维护统治、缓和矛盾，统治阶级更是极力扩大佛教的影响，一方面大肆兴建佛寺、铸造佛像，另一方面还耗费大量的人力、物力、财力劈山削崖，营造石窟。北魏前期的云冈石窟是这种潮流的产物，北魏后期的龙门石窟则是佛教持续盛行的又一佐证。

北魏迁都洛阳后，支持孝文帝迁都并首批迁至洛阳的王公贵族、高级官吏在龙门祈福禳灾，发愿造像，揭开了龙门开窟造像的序幕。从古阳洞现存的造像题记推断，龙门开窟造像，当始于该洞，其年代大概在北魏孝文帝太和十七年（493年），或太和十七年之前。

古阳洞位于龙门西山中段南部，是龙门石窟中开凿时间最早、小龛数量最多、题材内容以及铭刻题记最为丰富的一个大型洞窟。

根据文献记载，古阳洞在北魏时期被称为石窟寺，今名"古阳洞"主要源于洞窟上方西北角疑为明清时阴刻的"古阳洞"三字。"庚子之变"（1900年）前后，慈禧西逃归京途经洛阳时，有道教徒将本窟主尊用泥涂改成太上老君形象（现已改回），故一度又名"老君洞"。

古阳洞地平面为倒"U"形，穹隆顶，进深约11.55米，最宽处6.90米，最高处11.10米。

**"古阳洞"题字**
位于窟内左壁，左菩萨左臂外侧，楷体，年代不详，疑为明清时期，为磨平北魏龛下壁面而刻就

古阳洞造像延续云冈二期造像的秀骨清像风格，造像面相长圆，眉目清秀，头顶饰旋涡纹高肉髻，嘴角上翘，颈长胸平，体型长直，躯体前倾，服饰上也从早期的袒右或通肩演变成"褒衣博带"式的汉式袈裟，台座由低座演变成高方台座，形象由威严神秘而到亲切慈祥。

正（西）壁造像为一佛二菩萨。主尊保存尚好，结跏趺坐于方形台座上。高6.12米，座高4.80米。主尊高肉髻，面相长圆，颈直胸平。外披褒衣博带汉式袈裟，内着僧祇支，双手施禅定印。身后有圆形头光和舟形大身光。头光三重，内为莲瓣，中为七身化佛，外为飞天，

**古阳洞右菩萨**
右菩萨颈部为链状饰物，并缀以宝珠、玉璧，肩部有圆柱形饰物

各重之间以联珠纹相间；身光之火焰纹直达窟顶。佛座左侧尚存一只圆雕狮子。左菩萨保存尚好，头戴莲花宝冠，颈戴项圈，饰以宝珠、宝璧，肩饰璎珞，袒上身，下着裙，帔帛自两肩向身前垂下，于腹前交叉穿环而下又上绕搭于肘部，左手戴镯，提净瓶垂下，右手抚胸。右菩萨身形服饰略同前者，唯左手无镯，举于胸前，右手提桃形物垂下。三尊造像明显继承了云冈二期造像特点，面相清秀，身形颀长，引领了龙门北魏造像"秀骨清像"之风。这也体现了孝文帝迁洛之后汉化政策的继续。

三壁及窟顶遍布小龛造像，有题记者约800多个，其中有纪年者约110个左右，最早纪年题记为北魏孝文帝太和十七年（493年）孙

**古阳洞右（南）壁**
可以看到有尖拱龛、盝顶龛以及屋形龛

秋生造像记，最晚纪年题记为唐代武则天长安四年（704年）魏怀静造像记，前后持续200余年。

　　左右壁（北南壁）相对各凿出三层大龛，同层龛基本为同时开凿，形制大小相似。上层八大龛开凿最早，位置对应，排列整齐，均为尖楣圆拱龛，龛楣内雕有10身以上的坐佛或莲花童子，龛柱头为龙头，左右龙身合体构成圆拱龛额，柱身为束腰莲柱。龛内雕凿一佛二菩萨像，主尊头皆无存，结跏趺坐于平台座上，着汉式或袒右袈裟，内穿僧祇支，双手施禅定印。身后有圆形头光和舟形大身光。头光三重或五重，内为莲瓣，中为化佛，外为飞天、供养菩萨等，各重之间以联珠纹相间，身光为火焰纹，外侧多有伎乐等。左右胁侍菩萨头均残，面相略长，戴项圈，饰璎珞，袒上身，下着裙，披帛于腹前或交叉或交叉穿璧，一般一手抚胸，一手提净瓶或宝珠形物。主尊所坐台座前一般刻有忍冬纹、摩尼宝珠、供养人、狮子及二龙供养等。此八大龛

**古阳洞左壁比丘慧成龛**
尖楣圆拱龛，尖楣中央开一小龛，为二佛对坐。主尊着汉式袈裟，双手前后重合，作禅定印

中有五龛有题记，分别为：北壁西起第一、第二、第三龛，分别是比丘慧成、魏灵藏、杨大眼题记，南壁西起第二、第三龛，分别是比丘法生和孙秋生题记。

　　中层八大龛也基本为同一时期完成，其中六龛为盝顶龛，盝顶内多刻有飞天、供养菩萨、比丘、莲花童子。南壁一盝顶内浮雕有完整的佛传故事，此龛内主尊为释迦、多宝对坐。其余龛内雕一佛二弟子二菩萨像，主尊均为着菩萨装、倚坐于低座上的交脚弥勒像，弥勒像面部均残，头戴高莲花宝冠，戴项圈，帔帛于身前交叉穿壁，下着裙，双手施说法印，头光三重，内为莲瓣，中为坐佛，外为飞天等，各重之间以联珠纹相间，身光为火焰纹，内刻坐佛、飞天等。佛座左右刻

**古阳洞左壁中层龛**
盝顶龛，主尊为菩萨装交脚弥勒像

**古阳洞右壁中层龛**
屋形龛，屋脊中央为金翅鸟。主尊为结跏趺坐佛，左手下指，右手上扬至胸前，可能施无畏印。其下题记为清代同治年间磨去原开龛题记后重刻

有二狮子，狮身较瘦，胸前鬣毛左右分开。二弟子一般为浅浮雕，面向主尊，身躯矮小。二菩萨面部多残，头戴高莲花宝冠，身体修长，帔帛于腹前交叉，一手抚胸，一手提物。有的菩萨有莲瓣纹头光、火焰纹身光，未有头光者，头顶上刻有飞天、供养菩萨等。

下层大龛较多未完工，北壁仅刻三龛，有盝顶龛，也有尖楣圆拱龛。龛为魏凿，但龛内造像为唐代补凿之优填王像并千佛，以及一佛二弟子二菩萨二力士，主尊结跏趺坐。南壁仅刻两龛，为盝顶龛，内容均为一佛二弟子二菩萨。主尊外着褒衣博带汉式袈裟，内着僧祇支，结跏趺坐于台座上，施禅定印，台座正面雕出二狮子。

古阳洞中的造像龛，从造像题记可以看出，功德主一般为宗室、百官、僧尼、邑社等四种。其中僧尼造像约占三分之一。邑社造像也比较突出，许多官吏也是以邑社负责人身份出现的。邑社是民间信仰佛教的团体，关于它的发展史，尚待深入研究。古阳洞造像题材丰富，造像形象既有直接继承云冈石窟遗风的，也有本地新出现的，更有外来造像的色彩，还有众多的造像题记，这些都是研究北魏王朝社会政治、经济、文化的重要材料。

## 小知识◎佛像袈裟

石窟寺内的造像，佛像的袈裟主要分为三种，分别是袒右式、通肩式与褒衣博带式。袒右式是指袈裟自左肩后绕经右胁向上又搭于左肩，将右肩袒露。通肩式是指袈裟自左肩直接绕颈部搭于右肩，双肩完全被包裹，衣纹自颈部以下呈同心圆。褒衣博带式又称汉式，即袈裟自左肩垂下，在胸前形成类似"U"字形领口后再向上搭于右肩,一般袈裟内着僧祇支(一种中衣)。新疆、河西走廊及云冈的早期佛像多为袒右式和通肩式袈裟,云冈中晚期及龙门地区石窟多褒衣博带汉式袈裟,前两种袈裟亦可见。

## ◎邑社

邑社是中古时代中国佛教僧、俗信徒自发成立的一种民间组织。据相关资料统计,民间佛教邑社组织名称很多,因所修功德不同而各异。诸如"千人邑",意思是参加该邑社的人应凑足1000人,群策群力,协成一事。又如"念佛邑",顾名思义,是指邑众以念佛为事,定期约聚。佛教邑社组织内的人数多寡不等,一般均隶属于寺院,由寺内德高望重的长老领导,下设都维那、维那、邑长(或称皇纠首)、女邑长、邑证、邑录、提点等职,分管邑务,社员则称邑子或邑人。各邑社均有自己的公约或章程,规定施舍则例、缴纳期限和财产保管制度等。邑人不分官民、贫富、贵贱,不限僧俗、男女、老少,也无族别和入社先后,人人平等。僧、俗佛众组建佛教民间邑社的目的有两个:一是量力集资,以建功德,如修寺建塔,开窟造像,等等;二是组织入社的教徒进行各种日常佛事活动,如设坛讲经等。

## 北魏兴衰

继古阳洞开凿之后,北魏皇室又继续在龙门进行了更大规模的营造活动。据《魏书·释老志》记载:"景明初,世宗诏大长秋卿白整准代京灵岩寺石窟,于洛南伊阙山,为高祖、文昭皇太后营石窟二所。初建之始,窟顶去地三百一十尺。至正始二年中,始出斩山二十三丈。至大长秋卿王质,谓斩山太高,费功难就,奏求下移就平,去地一百尺,南北一百四十尺。永平中,中尹刘腾奏为世宗复造石窟一,凡为三所。从景明元年至正光四年六月已前,用功八十万二千三百六十六。"根据上述记载,并结合三窟结构,以及石窟内的供养人像的现实状况,

**宾阳三洞远景**
作为统一规划开凿的三座石窟,虽然南洞与北洞在北魏并未完工,但统一整齐的外立面还是显示出北魏皇家石窟恢宏的气势

后世研究者已公认其为宾阳三洞。北魏时期，除中洞全部工程完成外，南、北两洞的主要造像半途停顿，直到初唐始告完成。宾阳中洞为北魏时期所完成，其规模宏大、布局严整、艺术精湛，是北魏时期的重要代表。

与宾阳中洞基本同时期（孝文、宣武时期）开凿的大、中型窟龛，还有太和末年开凿的交脚弥勒像龛（魏字洞北侧），以及开工年代约与宾阳中洞同时的火烧洞、莲花洞等。孝明帝神龟三年（520年）开凿的中、小型窟有慈香窑，以及起工年代约与慈香窑同时的魏字洞、普泰洞和弥勒洞（石牛溪北）。孝昌三年（527年）开凿的较大洞窟有皇甫公窟。值得注意的是正光至孝昌年间（520～527年），大批中小型窟及小龛的开凿盛极一时，如龙骧将军洞、来思九洞、弥勒北一洞、弥勒北二洞、地花洞、六狮洞等。药方洞与唐字洞的开凿也约在此时，但均未完工。这是龙门开窟造像史上的第一个造像高潮。北魏末期，造像活动呈现出明显的下降趋势。这一阶段开凿的洞窟有路洞、大统洞、赵客师洞、汴州洞，除前两个洞在北魏完工外，后两洞内的龛像均为以后所雕凿。孝武帝永熙三年（534年）以后，北魏分裂为东魏、西魏两个政权，此后这两个政权又被北齐、北周所取代。这一时期战争频仍，政局混乱，社会生产停滞不前，经济生活遭到极大的破坏，反映到龙门石窟即表现为开窟造像并不多，多为在前代窟龛中补凿小型龛像。北魏末期及隋朝，是龙门造像的低潮时期。

**宾阳中洞**

宾阳中洞位于龙门西山北部，与北洞、南洞合称为宾阳三洞，三洞均开凿于北魏时期，其中仅中洞在北魏时完工，余下两洞完工于唐初。宾阳洞在北魏时期被称为"灵岩寺"。宾阳之名始于明清之际，清代顺治（1644～1661年）年间洛阳县令武攀龙《重修宾阳洞碑记》中写道："寻为宾阳，盖取寅宾出日之义。"清代曾多次重修宾阳洞，现在潜溪寺两侧以及石楼北，分别存有清乾隆四十五年（1780年）、嘉庆十一年（1806年）、道光三年（1823年）三次重修宾阳洞的碑记。

中洞门上方做浅浮雕火焰纹尖楣拱，楣中央刻兽头，拱两端为二龙首反顾，拱梁凿作龙身，门左右两侧各雕一石柱，现仅存南侧柱头类希腊爱奥尼亚式。柱外侧各有一仿木屋脊形龛，其内雕刻金刚力士，南力士仅存残躯，北力士较为完好，袒上身，下着裙，帔帛于腹前交叉，左手于腰际握金刚杵，右手于胸前张开，双腿叉开，身体略向洞口方向倾斜。

**宾阳中洞窟门北侧力士**
力士头戴菩萨式宝冠，眼鼻轮廓凸出，头后有圆形头光

窟门高 6.90 米，宽 3.74 米，进深 2.20 米，甬道顶部刻两朵莲花，南北壁自上而下各浮雕三层：上层各为一身飞天。中层各为两身供养菩萨。下层各为一身护法，北壁为"帝释天"，一头四臂；南壁为"大梵天"，四头四臂。

窟内地平面呈倒"U"字形，穹隆顶，进深约 9.85 米，最宽处 11.40 米，最高处 9.30 米。

窟内三壁造"三世佛"。正壁造像为一佛二弟子二菩萨。主尊为释迦牟尼佛，保存尚好，结跏趺坐于束腰方台座上。主尊高 6.15 米，台座高 3.2 米。主尊高肉髻，面相椭圆，颈直胸平，肩低体壮，外着褒衣博带汉式袈裟，内着僧祇支。右手伸掌于前，左手屈三指向下。身后有圆形头光和舟形大身光。头光三重，内为莲瓣，中为三圈同心

**宾阳中洞正壁左菩萨**
菩萨嘴角上翘，似微笑。菩萨右侧及头光上方雕有供养天人

圆，外为一圈忍冬，各重之间以联珠纹相间，身光之火焰纹直达窟顶。台座前左右各卧一只狮子，前爪直立，后爪蹲踞，胸毛向两侧平分。

主尊左侧为弟子迦叶，合十侍立，高鼻深目，持重老成；右侧为弟子阿难，持物侍立，低眉顺眼，朴实虔诚。两侧菩萨，左为文殊，右为普贤，均头戴莲花宝冠，戴项圈，饰璎珞，袒上身，下着裙，帔帛自两肩向身前垂下，于腹前交叉而下，左手于腹前提一物，右手于胸前持莲蕾。头光内为同心圆，外为火焰纹。

左右壁各雕一佛二菩萨，佛立于圆台莲座上，手势、服饰、头光、身光均同于正壁主尊，左右菩萨也均同于正壁二菩萨。佛、菩萨头光之间有成组的供养天人，有露全身者、半身者或仅露头像者，或手持莲蕾，或双手合十，中间饰以莲花、忍冬、帷幕等纹样。

宾阳中洞右（南）壁
左右菩萨头部均被盗凿，右菩萨头像现存日本大阪市立美术馆内，头像高 0.92 米

洞窟前壁两侧各有四层浮雕。自上而下分别为：第一层为维摩文殊对坐说法，左为维摩坐于帐中，右为文殊菩萨与侍从；第二层为佛本生故事画，左为萨埵那太子舍身饲虎图，右为须达拿太子施舍图；第三层原为帝后礼佛图，左为孝文帝及群臣礼佛图，右为文昭太后及妃嫔礼佛图，惜被盗运至美国，仅余残迹；第四层为"十神王"像，左右各五，大部被盗凿，仅余残迹。

窟顶为宝盖藻井，中心为一重瓣莲花，外饰浮雕三层，自内向外为：内为八身手持乐器的飞天伎乐，中为手托果盘的供养飞天，外饰圆钱纹、垂鳞纹、三角垂帐纹及流苏。窟底地面雕饰繁复，中间刻以甬道，道饰龟甲纹，两侧对称布列四朵大型莲花，周围饰以多方连续的莲花、忍冬纹饰。

宾阳中洞工程规模宏伟，布局严整，雕刻精美，纹饰多变，构图精美，石窟造像仪态更加优美，雕刻技法更加成熟，艺术特征更加鲜明，成为北魏中晚期"秀骨清像"的典型代表，这也体现了北魏中晚期汉化政策的深入。

---

## 小知识◎三世佛

佛教术语，又分为横三世佛与纵三世佛。横三世佛指中央释迦牟尼佛、东方药师佛、西方阿弥陀佛。三佛分管三个世界。纵三世佛指过去佛燃灯佛、现在佛释迦牟尼佛、未来佛弥勒佛。

◎佛本生故事

　　佛本生故事是讲述释迦牟尼在成佛这一世之前的所有前世的故事。故事中所有的主人公都是释迦牟尼的转世。根据南传佛教巴利文佛经《佛本生经》记载，共有547个。

◎萨埵那太子舍身饲虎

　　在古印度有一位国王叫大车。他有三个儿子，长子叫摩诃波罗，次子叫摩诃提婆，最小的叫摩诃萨埵那。一天，三位王子在山谷里看见了7只出生不久的小虎，围绕着一只母虎嗷嗷待哺。而母虎由于饥饿已奄奄一息。眼看8只老虎即将死去，两位哥哥悲伤又无奈。三太子说："我应该救活它们。它们应该享受上天给他们的生命的快乐。"于是他让两位哥哥先走，自己单独来到虎旁，脱了衣服躺在母虎嘴前。但是，母虎已濒于死亡，连吃肉的气力也没有了。三太子爬上悬崖，用一根干竹刺刺破自己的血管，纵身落到虎旁。饿虎闻到了血腥，用舌头舔食，略有气力，进而吃去太子的血肉，领着小虎走去。后来萨埵那的哥哥认出弟弟的尸骨，放声痛哭，连忙报信，国王、王后知道后更是悲痛欲绝。

◎须达拿太子施舍

　　很久以前，有一个大国叫叶波，太子名叫须达拿。太子从小喜好布施，凡有所求，无不给予。敌国的国王派人到叶波国向太子须达拿讨要叶波国的国宝——白象宝。须达拿太子把它施舍给了他们。国王知道后，一怒之下，将太子及其全家流放深山老林。太子携妻带子，一路将车子、马匹、财宝以及他们身上的外衣一一布施，一家四口只穿内衣走入山林。不久，太子又将一子一女施舍给一个婆罗门当奴仆。天上的帝释天为之感动，化身成老婆罗门，向太子讨要太子妃曼坻公主。看太子含泪和公主告别，帝释天啧啧称奇，现出原形，说："奇哉！太感动人了。你们夫妻这样恩爱，怎么能够舍得下啊！"须达拿太子说："菩萨修行，难忍能忍，难舍能舍。"在帝释天的帮助下，太子一家终于和国王、王后团聚。敌国国王也被感动，主动送回了白象宝，两国从此成为友好邻邦。

**火烧洞**

火烧洞位于龙门西山中段南部，古阳洞南上方。火烧洞是龙门开凿较早的一个北魏大型洞窟，也是遭破坏极为严重的一个洞窟。

火烧洞窟门上方及左右，凿有精美的尖拱火焰状窟楣与两身骑龙仙人相对飞舞的浮雕画面。尖拱中间刻有一个三莲花宝瓶，尖拱和仙人周围饰以流云及莲花化生童子。门楣两侧刻有两屋形龛，龛内原各有一身力士，北侧力士遭毁损，仅存座角与力士帔巾一角；南侧力士头戴冠，怒目圆睁，帔帛于腹前交叉，左手残，持金刚杵，右手于肩端握拳。

窟内地平面呈倒"U"字形，穹隆顶，进深约12米，最宽处9.50米，最高处10米。窟内保存状况极差，大部不存。

正壁原造一佛二弟子二菩萨像。主尊像残毁，仅能看出双手施禅定印，佛座下层有北魏小龛，佛座两侧狮子仅存残肢。左右二弟子二菩萨均残毁，仅存轮廓。右弟子与主尊之间有清信女佛弟子王妃胡智

**火烧洞窟门尖拱骑龙仙人**
有学者认为火烧洞窟门尖拱两侧的骑龙仙人为东王公、西王母

造像龛。胡智龛下另有两个纪年龛：一是正光四年（523年）四月八日比丘僧安造释迦，另一是同年四月三日比丘慧荣造释迦。

左（北）壁仅存下部三大龛，三龛内均造一佛二弟子二菩萨像。第一龛与第二龛主尊均为倚坐佛，第三龛为结跏趺坐佛。三龛保存都不甚好，第二龛崩毁最为严重。

右（南）壁上保存较好的一个盝顶龛，龛内造一佛二弟子二菩萨像，此龛为大统寺大比丘慧荣于正光三年（522年）所造。南壁下部有一方整平面，上下两排为整齐划一的邑子线刻供养人像，均有题名，可能是火烧洞的造像碑底座。南壁上还有北魏、唐代造像龛数个，但均保存较差。

前（东）壁北侧上下均脱落，南侧有正光三年（522年）八月十日司徒公崔氏室李要光造像。

从现存残迹观察，火烧洞的破坏有别于近代的盗凿和破坏，很可能是北魏开凿后不久即遭破坏，也许与其时政治局势或政治运动有关。

**莲花洞**

莲花洞位于龙门西山中段北端，系将天然溶洞扩凿而成，是龙门北魏时期的大型洞窟之一，规模仅次于古阳洞、宾阳中洞和火烧洞，因窟顶中央高浮雕一朵大莲花而得名。

窟口上方凿有精美的尖拱火焰状窟楣，中央刻一铺首，环眼高鼻，狰狞露齿，头上有火焰状鬣毛。拱梁刻一龙，拱端刻龙头。窟门右（南）

**莲花洞窟内全景**
洞内主要造像集中于窟内后部

**伊阙**

楷书，右读，左侧为"巡按河南等处监察御史赵岩题"

侧雕出一身力士像，袒上身，下着裙，帔帛于腹前交叉，左手置胸前，右手持金刚杵。左（北）侧壁面上，有武则天如意元年（692年）佛弟子史延福所刻的《佛顶尊胜陀罗尼经》一篇，明代隆庆（1567～1572年）年间河南巡抚赵岩整饬经文所在壁面，上刻"伊阙"二字。

窟门甬道南壁雕有数个造像龛，上层与中层为唐龛，下层为一魏龛，魏龛外有一观音龛，观音左手执麈尾搭于肩上，右手下垂提净瓶。

窟内地平面近长方形，穹隆顶，进深约12米，最宽处9.50米，最高处10米。

窟内造一佛二弟子二菩萨五身像，分布于正壁与左右两壁。正壁主尊为释迦牟尼立像，高5.1米，头被盗凿，仅存发髻，颈直胸平，身着褒衣博带汉式袈裟，内着僧祇支，胸前有束带，右端衣角绕身后搭于左肘上。身后有圆形头光和舟形大身光。头光两重，内为双层莲瓣，外为三圈同心圆，身光中为平行弧线，外周火焰纹直达窟顶。主尊左

**莲花洞左弟子头部**
20世纪30年代被盗凿，高59厘米，现存法国吉美博物馆

侧为弟子迦叶，头被盗凿，颈下胸骨高突，左手置胸前，右手握锡杖，袈裟右端衣角绕身后搭于左肘上，头光为火焰宝珠形。右侧为弟子阿难，头残损，颈直胸平，左手持莲蕾，右手置胸前，头光亦为火焰宝珠形。

南北壁内侧各雕胁侍菩萨一身，赤足立于低覆莲座上。菩萨头皆被盗凿，残余宝冠遗迹。袒上身、下着裙，胸前饰以璎珞，帔帛于腹前交叉穿璧，有三层头光，内为同心圆，中为忍冬纹，外为火焰纹。左菩萨左手于胸前持一宝珠形物，右手下垂提一尖状物；右菩萨左手平伸下垂，右手于胸前持莲蕾。除此以外，其余壁面小龛造像密布，北壁有北魏孝明帝武泰元年（528年）景隆寺沙门昙余造弥勒像龛，北魏普泰二年（532年）比丘尼静度造释迦、观音像龛，北魏孝武帝太昌元年（532年）十二月十二日杨元凯造释迦、多宝像龛。这些龛与南壁上下三排小龛均为北魏后期代表性的盝顶龛，造像也为典型题

**莲花洞右菩萨**
菩萨头光左侧满布千佛像

材，如释迦牟尼结跏趺坐像或释迦、多宝对坐。与古阳洞一样，其龛楣及龛额构图严整，饰纹华美，雕工精湛，且多数小龛左右上角刻有维摩、文殊说法故事画像。南壁外侧有一蟠龙碑，高 1.68 米，宽 0.80 米，应为本窟造像碑，但被北齐、唐代抹平后开龛造像。

莲花洞内外，除有大量小龛外，还有三部石刻佛经。除前文所提窟口北壁所刻的《佛顶尊胜陀罗尼经》之外，在窟内北壁上方还刻有两部《般若波罗蜜多心经》，一部为北魏雕刻，一部为唐代武则天久视元年（700 年）皇甫元亨书刊。

窟顶高浮雕大莲花藻井，直径 3.60 米，厚 0.35 米，中间莲蓬突出，外层为莲瓣和单叶忍冬纹。莲花四周环绕六身供养飞天，躯体瘦长，中间饰以忍冬、流云纹饰。

莲花洞是继古阳洞之后，又一个造像延续时间长、内容丰富的北魏洞窟。圆雕主尊立佛与浅浮雕弟子像，对比鲜明，艺术效果突出，是北魏晚期雕刻技法多样化的一种特殊表现。

小知识◎《佛顶尊胜陀罗尼经》与《般若波罗蜜多心经》

《佛顶尊胜陀罗尼经》盛行于唐代，流行版本为罽宾国沙门佛陀波利译。

《般若波罗蜜多心经》是佛经中字数最少的一部经典著作，现最为流行的译本为唐玄奘所译版本，之前较重要的译本为姚秦·鸠摩罗什（344～413 年）所译。

## 皇甫公窟

皇甫公窟位于龙门西山中段南端，位于古阳洞和火烧洞的南方。皇甫公窟在北魏时期又名"石窟寺"，完工于北魏孝明帝孝昌三年（527年），是一座雕刻相当精美的北魏中型洞窟，其中以独特的洞口雕饰及保存较为完整的礼佛图最为称道。

窟口上方窟檐作仿木构屋形，正中起脊，两端鸱尾翘起，中间雕出一只垂翅栖息的金翅鸟。檐下尖栱火焰纹内刻有七佛，尖栱左右两侧各刻一身伎乐天，左（北）侧飞天吹横笛，右（南）侧飞天弹阮咸，两伎乐中刻一莲花化生童子，周围饰以忍冬、卷云纹。拱梁为龙形，梁端饰以反顾龙头，南侧完好，北侧残损。窟口两侧各刻一束腰莲柱，左右各雕一力士像。北侧力士袒上身，下着裙，南侧力士残，仅余轮廓。南侧力士之南为本窟造像碑，即北魏孝昌三年九月十九日"太尉公皇甫公石窟碑"记。

正壁坛上造一佛二弟子二立菩萨二坐菩萨七身像。主尊为释迦牟尼佛，结跏趺坐于方座上，头残，颈长胸平，右手掌心向外，屈三指向上，上竖指节残失，左手掌心向外向下展开，左手有六指，为龙门仅见。外着褒衣博带汉式袈裟，内着僧祇支。身后有圆形头光和舟形大身光。头光三重，内为莲瓣，中为同心圆，外为忍冬纹；身光三重，内为同心圆，中为供养菩萨、莲花、莲叶、莲蓬、忍冬纹，外为火焰纹，直达窟顶。主尊两侧弟子，头均残，身躯竖直，双手合十，外着褒衣博带汉式袈裟，内着僧祇支，有圆形头光，立于低圆台上。弟子外侧二立菩萨像，头均被盗凿，颈直胸平，袒上身，下着裙，戴项饰，帔帛于腹前穿璧后分开，有宝珠形头光。北侧菩萨左手于胯前提一宝珠形物，右手于胸前持莲蕾；南侧菩萨左手提衣角下垂，右手置胸前。二立菩萨外侧各浮雕一棵菩提树，树下各雕一身半跏趺坐思惟菩萨，

**皇甫公窟左（北）壁**
尖拱龛楣内雕有七佛，结跏趺坐于莲花座上，施禅定印，佛两侧各有一双手合十的立菩萨

坐于束腰高台座上，服饰与立菩萨相同。菩提树上各雕数身供养比丘半身像。正壁坛基两侧各雕有一只坐狮，上部均残损。

左（北）壁开一尖拱大龛，龛内造二佛二弟子二菩萨六身像，主尊为释迦、多宝二佛并坐，两侧为二弟子，再外侧为二菩萨侍立，姿态、服饰基本与正壁相同。龛外两侧雕有两身供养菩萨，双手合十面向龛内。龛下壁面雕有供养礼佛图。右（南）壁开一盝顶大龛，龛内造一佛二弟子二菩萨五身像，主尊为交脚菩萨装弥勒坐于台座上，座前两侧各雕一狮子。左弟子被盗凿，右弟子残损。二菩萨形态、服饰同正壁。龛外两侧雕有两身供养菩萨，头均被盗凿，龛下壁面亦雕有供养礼佛图。前（东）壁左右两侧各有立佛龛一个，内造一立佛二立菩萨三身像，

**皇甫公窟左壁下层礼佛图**
为皇帝礼佛图

服饰同前。前壁上部两侧刻有千佛。

窟顶中央高浮雕出一朵重瓣大莲花，环绕八身伎乐飞天，皆面向主尊，所持乐器有琵琶、横笛、笙、排箫、筝等五种。窟底地面以窟门至主尊前为参道，参道两侧各雕出三朵重瓣大莲花，间饰卷草、连珠纹。正壁前佛坛上，刻五朵小莲花。

皇甫公窟是龙门石窟北魏大、中型窟中唯一标有准确纪年的洞窟，它的形制、样式，如窟门仿木结构、窟内三壁三龛、前壁两侧立佛龛等，对后世影响较大，在巩县、南北响堂山及敦煌的北朝晚期至隋初造像中，皆可窥其遗风。

龙门北魏石窟中，保存较好，较重要的还有魏字洞、普泰洞、慈

二 艺术之龙门 | 49

**皇甫公窟地面**
如此繁复的地面装饰也是北魏大中型洞窟的特色之一

香窟、地花洞、路洞等。这些中小型洞窟内一般遍布北魏小龛，这些龛像造型精美、题材丰富，装饰纹样多变，都是龙门北魏石窟作品中的上乘之作。魏字洞位于西山中部，因有北魏孝明帝正光、孝昌年间多块造像题记而得名。该洞是北魏较典型的中型洞窟。其中正壁主尊头像保存完整，与宾阳中洞主尊头像一样，是龙门现存魏窟中所仅有的。普泰洞位于西山中部，魏字洞北方，因有北魏节闵帝普泰元年（531年）的造像题记而得名。慈香窟位于西山中段前部，因该洞为比丘尼慈香所开凿而得名，完工于北魏孝明帝神龟三年（520年）。地花洞位于西山南段中层，因窟内地面正中雕有一朵精美莲花而得名，整体风化毁损较严重。路洞位于西山南段下层，因位于旧时礼拜道路边而得名，开凿于北魏晚期，经东、西魏，完工于北齐，

**魏字洞正壁主尊**

正壁造像五身,为一佛二弟子二菩萨,主尊结跏趺坐,外披汉式袈裟,内着僧祇支,束带下垂,右衣襟搭于左肘上。左手屈二指下伸,右手残

**路洞内屋形龛**

相对称的殿堂式佛龛,殿堂有正面、左右侧面,一斗三升人字拱,屋檐下有叉手,屋顶两端饰鸱尾,屋面饰筒瓦,屋四周有栏杆、台阶等

是北魏晚期开凿的代表洞窟之一，窟内南北壁上层列龛浮雕或带台阶栏杆的歇山顶殿堂，为龙门石窟中所仅有，是研究当时建筑的宝贵资料。

### 小知识◎皇甫公

皇甫公为胡太后舅父皇甫度，传附见于《北史·外戚传》之胡国珍传中。其兄为皇甫集。为人"孜孜营利，老而弥坚"，常向胡太后求官，胡太后虽知其无用，但碍于舅父的关系，也只能迁就于他，最后官拜太尉。"尔朱荣入洛，西奔兄子华州刺史邕，寻与邕为人所杀。"

### ◎歇山顶殿堂

为中国古建筑屋顶样式之一，在规格上仅次于庑殿顶。歇山顶共有九条屋脊，即一条正脊、四条垂脊和四条戗脊，因此又称九脊顶。由于其正脊两端到屋檐处中间有一个"折断"，分为垂脊和戗脊，好像"歇"了一歇，故名歇山顶。其上半部分为悬山顶或硬山顶的样式，而下半部分则为庑殿顶的样式。

**隋唐盛景**

　　隋唐时期是中国中古时代一个空前繁荣的时期。这一时期国家重归大一统，国力强盛，四夷畏服，社会安定，政治清明，经济生产得到较快发展，文化艺术也随之进入一个辉煌灿烂的新阶段。佛教在统治阶级的倡导下，再一次呈现出兴盛的景象。龙门石窟开窟造像的风潮在经过100多年的沉寂之后，自唐太宗时又重新活跃起来。尤其是唐高宗李治和武则天时期，中土石窟艺术在经过了南北朝数百年的发展之后，达到了成熟阶段。龙门窟龛的造像规模、题材、技巧，都日臻完美。这一时期龙门最富有成就的代表作是奉先寺大卢舍那像龛群像的雕凿，它是中国石窟艺术史乃至整个雕刻艺术发展史上的一个高峰。直至玄宗初年，龙门的营造活动仍兴盛不衰，这是龙门石窟造像史上的第二个高潮。这一时期营造的石窟数量之多、制作之精，可谓空前绝后。

　　隋代造像从风格上看已经开始变得丰满圆润，但是在艺术技法上还不够成熟，形象略显笨重，处于从北魏向唐代过渡的阶段。

**隋代龛**

　　龙门石窟中有明确纪年的隋代龛，只有三个，均在宾阳三洞内外。一个为位于《伊阙佛龛之碑》北侧上方的开皇十五年（595年）造像龛，已极为残破。另一个为位于宾阳中洞门外北侧力士旁的大业十二年（616年）四月二十五日蜀郡成都县募人季子赟造像龛。第三个为位于宾阳南洞北壁中层的大业十二年（616年）七月十五日河南郡兴泰县梁佩仁造释迦像二龛。此龛保存较好，造像龛为相邻且相似的两个尖拱龛，内均造一佛二菩萨三身像，主尊为释迦牟尼佛，结跏趺坐于方台座上，左手抚足，台座中央为香炉，两侧为二狮子。二菩萨双手合十，立于左右两侧。两龛中间是大业十二年造像碑。

唐代纪年窟龛主要集中于贞观至开元时期。贞观时期造像已较之前造像更为生动形象，虽仍偶有厚重失衡之感，但已可看出较大进步。

**药方洞**

药方洞位于龙门西山中段南部下层，最早开凿于北魏孝庄帝永安三年（530年）以前，现药方之名因唐代在其后室门道两侧刻有药方而得。

洞窟为前后室结构，前室敞口，北壁遍布北魏与唐代的造像小龛。后（主）室窟门两侧刻竹节状八角束腰莲花门柱，门上方做浅浮雕火焰纹尖楣拱，其上有龟趺碑一通，为唐高宗永隆二年（681年）四月二十三日磨光重刻的《究竟庄严安乐净土成佛铭记》。门外两侧各雕有一力士，束高髻，袒上身，下着裙，帔巾绕于身后。窟门高2.60米，宽1.77米，深0.75米。北侧门道东上角刻有北齐武平六年（575年）都邑师道兴所造之一佛二弟子二菩萨二力士像龛及造像碑，门道两侧其余部分遍刻药方，为我国目前现存最早的石刻药方。

主室内地平面近方形，顶近平，微弧，高4.10米，南北宽3.70米，东西进深4.40米。正壁造像为一佛二弟子二菩萨。主尊保存尚好，结跏趺坐于高台座上，通高4.40米，肩宽1.30米。主尊低肉髻，面相宽短，颈部有三道蚕节纹，颈短肩阔胸厚，外着褒衣博带汉式袈裟，内着僧祇支。左手屈三指抚左膝，右手已残。身后有圆形头光和舟形大身光。

**药方洞正壁**
造像略显厚重呆板，这是由北魏的"秀骨清像"风格向唐代"丰满圆润"风格过渡阶段的代表作

头光双重，内为莲瓣，外为忍冬及七佛，其外为火焰纹身光，火焰纹直达窟顶。主尊座前雕有香炉与二狮。主尊两侧分立二弟子，左弟子迦叶，面部残损，右弟子阿难面圆耳长，二弟子均着褒衣博带汉式袈裟，双手合十，立于低圆台座上。二弟子外侧为二菩萨，左菩萨面部上半部缺失，右菩萨面部右侧残缺，二菩萨均头戴花蔓高冠，胸前饰项圈璎珞并于腹前穿璧，帔巾于腹膝间环两道，近主尊一侧手上举于胸前持物，另一手垂于体侧，立于低莲台座上。身后有桃形双重头光，内饰莲瓣，外为火焰纹。

左右前三壁遍布大小造像龛。左（北）壁西侧上方、中部及东侧

**药方洞右（南）壁陈晕造像龛**
龛下刻有拱手站立的男女供养人，左为三男供养人，身着高冠长袍；右为六女供养人，束双髻

上下各开一中型方形帷幕龛，帷幕两侧有维摩、文殊对坐以及众比丘听法图，帷幕下龛门左右各开一屋形小龛，内各有一力士，前二者及东侧下方龛龛楣为火焰纹尖楣，东侧上方龛龛楣为盝顶。第一个和东侧下方龛内造一佛二弟子二菩萨，第二个龛及东侧上方龛内造释迦、多宝二佛并坐及二弟子二菩萨。这四个龛周围多为雕饰相似小龛，并有四级浮屠一座。右（南）壁西侧上方有北魏孝庄帝永安三年（530年）六月十二日清水县开国公李长寿妻陈晕造释迦像龛，是为本窟现存纪年最早的造像龛。龛饰及内容多与左壁同类龛相同。其下有一较大型方形帷幕龛，为本窟中同类龛之最大者；其东亦有若干小龛，基本龛

饰与内容同前。右壁下层密布唐代补凿之小龛，题材多为倚坐弥勒佛、结跏趺坐阿弥陀佛、七佛、观音、供养人等。前（东）壁上层左侧有三个形制相同的造像龛，其中南侧一龛被凿，后二龛内造立佛、菩萨。北侧为一唐代观音龛。窟门南侧多为帷幕尖拱龛，北侧有三个带题记方形帷幕龛。上龛题记不清，中龛为北魏普泰二年（532年）清信士路僧妙造释迦像龛，下龛为北魏永熙三年（534年）五月七日清信女孙姬造释迦像龛。

窟顶中央刻有一重瓣莲花，四周绕以四身飞天，分别吹奏笙、排箫、笛等，身体平直，衣带飘扬。

药方洞当开凿于北魏晚期，完成于唐代前期，造像粗重略呆滞，处于由北魏的"秀骨清像"风格向唐代"丰满圆润"风格过渡的阶段。

## 小知识◎药方洞药方

刻制于唐代初年。现存药方140多条，其中文字完整者65条，余皆残缺。可治疗疾病达40种，如疟疾、哮喘、肺气肿、胃病等，涵盖内科、外科、皮肤科、神经科、肛瘘科、肿瘤科、妇科、儿科、五官科、针灸科等。这些药方介绍治疗的方法主要是药物治疗和针灸治疗。所用药物约120种，包括植物药、动物药、矿物药等。

**宾阳南洞**

宾阳南洞位于龙门西山北段，开凿于北魏宣武帝正始二年（505年）至孝明帝正光四年（523年），但正壁大像及四壁龛像则雕凿于隋唐时期，最晚纪年龛为唐高宗咸亨四年（673年）将作监丞牛懿德造地藏菩萨像龛。

窟门高6.44米，宽3.58米，门道长1.32米。窟内地平面呈倒"U"字形，穹窿顶，进深约11.80米，最宽处8.70米，最高处11.80米。窟门左侧，与宾阳中洞之间的崖面上，铭刻有著名的《伊阙佛龛之碑》，内容即唐太宗第四子魏王李泰为追悼亡母长孙皇后而开窟造像的发愿文。长孙皇后崩于贞观十年（636年）六月，故本窟重修之始当以此为上限。

窟内正壁造像为一佛二弟子二菩萨，主尊为阿弥陀佛，高约8.20米，结跏趺坐于叠涩方座上，波纹低肉髻，高眉大目，宽鼻厚唇，颈间有蚕节纹两道，外着汉式袈裟，内着僧祇支。整体形象给人以上大下小的失衡感。在主尊北侧下有麟德二年（665年）九月十五日王玄策敬造弥勒像龛，仅余题记，龛像已无从辨识。左右二弟子，身着汉式袈裟，立于低莲台座上。左弟子迦叶高5.76米，双手合十，两眼微闭，满面皱纹。右弟子阿难高5.73米，双手于胸前持物。外两侧二菩萨，头戴高宝冠，面相丰满，胸前饰项圈璎珞，帔巾于腹前交叉，袒上身，下着裙，一手持莲蕾，一手持桃形物。

本窟四壁造像龛多达350个左右，从现存造像题记上可知最早自隋大业十二年（616年）开始，直至唐高宗咸亨四年（673年）依然在开凿，其中以唐太宗、高宗两代为多。现存"贞观"纪年题记有27个，"永徽"纪年题记有14个，"显庆"纪年题记有3个，"龙朔"

**宾阳南洞正壁**
正壁似整体向内凿进,这与造像者利用北魏洞窟进行造像有关,应是将原有造像凿除后进行新的造像,因而在原有壁面上进行了凿深

纪年题记有1个,"麟德"纪年题记有5个,"乾封"纪年题记有5个,"咸亨"纪年题记有1个。

左(北)壁众造像龛中比较重要的有两龛,一为大业十二年(616年)七月十五日河南郡兴泰县梁佩仁造释迦像二龛。一为贞观二十二年(648年)四月八日河南县思顺坊老幼造弥勒像龛。北壁造像龛题记多为高宗时期纪年,有"永徽""显庆""龙朔""麟德""乾封"等。另在思顺坊造像龛之右上有一无题记立佛龛,亦为北壁大龛。

右(南)壁为唐太宗"贞观"纪年题记造像最集中的地方。造像内容一般为一佛二菩萨,偶有弟子像,多在侧面或挤于佛与菩萨之间。在南壁开龛的宗室近臣有"贞观十五年(641年)"的豫章公主、岑文本、

**宾阳南洞左（北）壁**

正中下层为洛州思顺坊老幼100余人造像龛，造像为一佛二弟子二菩萨。主尊为倚坐弥勒，头饰肉髻，神态呆板，左手抚膝，右手上举至胸前，双足下踏低圆台座。造像碑在龛右侧，题记中姓氏有鲜卑达奚氏、单氏，西域毕氏、罗氏，乌丸郝氏，羯人盖氏等，是研究初唐民族史的珍贵资料

魏王监陆、僧妙光、郁久闾等，"贞观十六年（642年）"的韩方国、石姐妃，"贞观十八年（644年）"的杨僧威、张君尧，"贞观十九年（645年）"的张婉妃，"贞观二十年（646年）"的阎武盖、石敬业，"贞观二十三年（649年）"的合十父等人。另在南壁上方有永徽元年（650年）渝国公刘玄意造阿弥陀像龛。南壁正中为一无题记造像龛，与周围贞观龛造像风格相似。

前（东）壁北侧有一金刚力士像，高2.70米，袒上身，下着裙，帔巾在腹前横穿，左手残，右手上举。左肩上部一米处，楷书四行"永

徽元年（650年）十月五日，汝州刺史、驸马都尉、渝国公刘玄意造金刚力士"。

前壁下层刻出与宾阳中洞相同的十神王，应该是北魏作品。

窟顶为一重瓣大莲花，外为飞天，之外是莲蕾、莲瓣，再外为圆钱纹、垂鳞纹、三角纹及流苏，与中洞相似。

本窟雕刻技法仍显生硬，主尊造像仪态仍较粗重，仍属典型的初唐造像。窟内小龛众多，题记内容丰富，是研究唐初中外交通、民族交流等问题的重要史料。

**小知识◎魏王李泰**

李泰，字惠褒，小字青雀，唐太宗第四子，母长孙皇后。因才受宠，进而阴谋夺取太子李承乾之位，失败后被改封为顺阳王，徙居均州之郧乡县，后进封濮王，永徽三年（652年）死于郧乡。李泰造此佛龛，除悼念亡母外，更多是为向太宗表现纯孝之心，进而达到其政治目的。

**◎王玄策**

唐河南洛阳人。唐初贞观十七年（643年）至龙朔元年（661年）间三次出使印度（一说四赴印度）的使节。曾官融州黄水县令，右卫率府长史。贞观十七年（643年）三月，唐派行卫尉寺丞李义表为正使、王玄策为副使，伴随印度使节报聘，贞观十九年（645年）正月到达摩揭陀国的王舍城（今印度比哈尔西南拉杰吉尔），次年回国。贞观二十一（或二十二）年王玄策又作为正使，与副使蒋师仁出使印度。未至，尸罗逸多死，帝那伏帝（今印度比哈尔邦北部蒂鲁特）王阿罗那顺立，发兵拒唐使入境。玄策从骑30人全部被擒，他本人奔吐蕃西境求援。吐蕃赞普松赞干布发兵1200人，与泥婆罗（今尼泊尔）王那陵提婆兵7000骑及西羌之章求拔兵共助玄策，俘阿罗那顺而归。高宗显庆三年（658年，一说显庆二年）玄策第三次出使印度，次年到达婆栗阇（今印度达班加北部）国，五年访问摩诃菩提寺，礼佛而归。玄策几度出使印度，带回了佛教文物，对中印文化的交流作出了贡献。著有《中天竺国行记》十卷、图三卷，今仅存片断文字，散见于《法苑珠林》《诸经要集》《释迦方志》中。

## 宾阳北洞

宾阳北洞位于龙门西山北段，应为《魏书·释老志》中所记"永平（508～512年）中中尹刘腾奏为世宗复造石窟一，凡为三所"中的一所。即是说，宾阳北洞是主持宾阳洞工程的宦官刘腾为世宗宣武帝做功德补凿的，后因刘腾死去，工程辍止。现存造像当为唐前期补凿。

窟门为火焰纹尖楣圆拱，拱梁为北魏风格，雕有二龙首。窟门高6.30米，宽3.55米，深1.65米；门槛长2.57米，宽0.48米，高0.28米，门槛两端作龙头门墩，北侧残损，南侧完好；门墩长0.70米，宽0.50米，高0.40米；门槛上面、正面浮雕连续宝相花图案。门道北壁内侧残留一浮雕立佛像及数个空龛。

窟内地平面呈长方形，穹隆顶，进深约12.60米，最宽处10米，最高处10米。

**宾阳北洞正壁**
主尊台座正面雕出3个壸门，内各有一身托重力士。主尊两足交叉，右踝压于左踝之上，脚心向上，袈裟未覆盖腿脚

正（西）壁造像为一佛二弟子二菩萨。主尊保存尚好，结跏趺坐于方形叠涩束腰台座上。主尊高7.55米，座高1.50米。主尊低肉髻，面相短圆，肩宽胸隆，外披汉式袈裟，内着袒右僧祇支，双手平举向前，左手伸二指向下，右手伸二指向上。整体形象给人以上大下小的失衡感。身后有圆形头光和舟形大身光。头光三重，内为莲瓣，中为同心圆，外为火焰纹；身光之火焰纹直达窟顶。左右二弟子，身着汉式袈裟，立于低莲台座上，身后有圆形头光。左弟子迦叶双手合十，两眼微闭，颈筋暴露，右弟子阿难双手于胸前持一葫芦，面相饱满。外两侧二菩萨，头戴高宝冠，面相丰满，胸前饰项圈璎珞，于腹前穿璧交叉，帔巾垂

**宾阳北洞右菩萨**

右菩萨莲花宝冠有残损，面额宽，颈长有蚕节纹，帔巾自双肩直下底座，腰带自腹前缠一圆璧垂于双脚之间

于腹膝间两道，袒上身，下着裙，身后有内圆外桃形头光。左菩萨高6.70米，左手提净瓶，右手于胸前持一桃形物；右菩萨高6.90米，左手于胸前捏一圆形物，右手提一物下垂。

左（北）右（南）壁皆以菩萨外侧为界，转角处向外凸出0.70米。北壁造像龛除最高处一方形龛外多未完工，仅存龛型，无造像。最高处方形龛内造像为一佛二菩萨，主尊结跏趺坐于束腰台座上，高肉髻，面相方圆，着汉式袈裟，左手抚膝，右手上举。二菩萨立于低莲台座上，头戴高宝冠，帔巾垂于腹膝间，各一手抚胸，一手提物。南壁龛像保存较好，西侧最上有一尖拱龛，龛内造一佛二弟子二菩萨像，并有香炉、二狮子、供养人及力士，其右其下为三圆拱龛。南壁面正中一圆拱龛为唐高宗咸亨四年（673年）牛懿德造像龛，内有一佛二弟子二菩萨，并有香炉、二狮子；主尊头残，结跏趺坐于束腰莲座上，左手抚膝，右手上举。南北壁下层为十神王,应为与中洞、南洞题材一致的北魏作品。

前(东)壁两侧各浮雕有一天王像,北侧者保存较好,高4.15米,束高冠,面相短宽,大目直鼻闭口,左手举于胸侧,似捏一丸状物;右手下伸,握一短矛,扛于右肩。身挂两裆甲,颈有顿项,下着战裙,腰束带,足穿靴,下踏夜叉。

窟顶为一重瓣大莲花,周绕以十身伎乐飞天,外层为圆钱纹、垂鳞纹、三角纹及流苏,与中洞、南洞相似。

宾阳北洞规模宏大,正壁造像突出,身形粗壮,初唐特点鲜明,门内两侧浮雕天王像,为龙门最早;窟门使用龙头门墩,也为龙门石窟所仅见。

高宗至武则天时期是龙门唐窟开凿最为鼎盛的时期,这一时期雕刻技法纯熟,特点鲜明,艺术成就也最高。其造像特征一般来说是面相丰圆、躯体丰腴、比例得当、姿态优美。另一方面,也表现出雕刻技法的圆润与娴熟。

## 小知识◎刘腾

北魏时著名权阉,字青龙,北魏平原城人。累官至大长秋卿、金紫(金印紫绶)光禄大夫、太府卿。因拥立孝明帝有功而得授大权,后渐跋扈。为揽权,于正光元年(520年)与另一权臣元叉发动政变,囚禁了胡太后与孝明帝,并杀害了时任太尉的元怿,一时权倾朝野,完全把持了朝政。后死于正光四年(523年)。之后胡太后再次掌权,追削刘腾爵位,并开棺戮尸。

**潜溪寺**

潜溪寺位于龙门西山北段，宾阳三洞之北，为龙门石窟西山北端第一个大窟，又名斋袚堂，大约开凿于唐高宗永徽末年至显庆年间。

洞窟原应为前、后室，现今前室顶部已塌毁，后室平面为倒"U"字形，穹隆顶，进深约6.72米，最宽处9.45米，最高处9.27米。

窟内造像整体组合为一佛二弟子二菩萨二天王。正壁主尊阿弥陀佛结跏趺坐于方形叠涩束腰台座上，像高7.80米，座高1.60米。主尊高肉髻，面相丰满圆润，慈眉善目，嘴角微笑，颈部有蚕节纹三道，肩宽胸隆，外披汉式袈裟，内着僧祇支，左手伸出二指，掌心向上置于左膝上，右手平伸五指上举，指残。身后有圆形头光和舟形大身光。头光三重，内素面，中为线刻莲花，外为七身化佛，各重之间以联珠纹相间，身光之火焰纹直达窟顶。左右二弟子，身着汉式袈裟，立于束腰仰覆莲座上。左弟子迦叶，像高6.66米，双手合十，面部残损，右弟子阿难，像高6.64米，双手于胸前持宝珠形物，面部有裂隙。外两侧二菩萨，已至左（北）右（南）两壁，头戴高宝冠，面相丰满，颈部有蚕节纹三道，胸前饰项圈璎珞，于腹前穿璧交叉，帔巾自双肩绕双肘直垂底座，袒上身，下着裙，立于束腰仰覆莲座上，身后有双重头光，内为莲瓣，外为火焰纹。左观世音菩萨，像高7.63米，左手横握净瓶，右手于胸前持麈尾；右大势至菩萨，像高7.75米，左手于胸前捏一圆形物，右手提一环形物下垂。在主佛右侧弟子、菩萨间有明隆庆五年（1571年）题"胜洛之迷"，右菩萨外侧有"西洛奇观"等字。左右两壁二天王，立于近窟门处，衣饰同于宾阳北洞天王，足踏伏卧夜叉，身后有圆形头光。北壁天王，像高5.35米，左手置于胸前，右手握拳向下；南壁天王，像高5.50米，左手于胸前伸出食指指向右侧，右手握拳向下。前（东）壁两侧无雕饰。

顶部中央线刻莲花藻井，雕工粗糙。洞窟四周地面凿有倒凹字形矮基坛。

潜溪寺整体造像采用唐代流行的圆刀刻法，面型有柔和清秀之风，较宾阳南、北洞正壁大像大有进步，是龙门的唐代石刻开始臻于成熟之反映。

**敬善寺**

敬善寺位于龙门西山北段中部，宾阳三洞之南，开凿于唐高宗显庆后期，完工于龙朔（661～663年）年间，是唐太宗妃韦氏所造的功德窟。

本窟分为前、后室，前室进深约3.52米，最宽处3.70米，最高处3.50米。前室立面以窟门为中心，窟门上方有一圆形龛（原造像已被盗凿），两侧为二飞天相对。窟门左右两侧，各有一金刚力士，头戴宝冠，怒目圆瞪，脖筋暴突，袒上身，下着裙，胸前饰项圈和璎珞，璎珞于腹前穿璧交叉，上身微侧，双腿弓步，赤足立于山岩座上。左（北）侧像高2.30米，左手握拳下垂，右手上举，残。右（南）侧像高2.28米，左手握拳下垂，右手上举，伸出二指指向窟门。力士外侧，前室左右（北南）壁，相对各刻一身菩萨像，头戴宝冠，内着袒右衣，胸前饰项圈和璎珞，璎珞于腹前穿璧交叉，帔巾自双肩绕双肘直垂底座，下着裙，立于束腰仰覆莲座上，左侧观世音菩萨，像高2.03米，左手提净瓶，右手置胸前；右侧大势至菩萨，像高2.28米，左手上扬，右手下垂，残。左侧力士与菩萨之间上方壁面刻有由宣德郎、守记军参军事李孝伦所撰记叙纪王慎之母太妃韦氏出资兴建本窟的《敬善寺石像铭》。

**敬善寺外立面**
前室顶部有塌毁

后室即为主室，地平面略作方形，穹隆顶，进深约5.50米，最宽处3.70米，最高处3.50米。窟门呈圆拱形，高2.10米，宽1.20米。门道北壁上层有成排的小千佛，为垂拱二年（686年）五月十五日夏侯为全家造。中层已残。南壁自上而下有杜法力为阎罗王、天曹地府、牛头狱卒、五道将军、泰山府君所造单身坐佛、三身坐佛及千佛造像。

窟内造像整体组合为一佛二弟子二菩萨二天王。正壁主尊阿弥陀佛结跏趺坐于叠涩束腰八角莲座上。像失头，现为1958年用水泥补做，短颈隆胸，身着汉式袈裟，左手伸出二指，掌心向上置于左膝上，右手平伸五指上举，指残。身后有圆形头光和舟形大身光。头光二重，内为莲瓣，外为七身化佛，身光高浮雕凸出。身光下部左右各刻一身

**敬善寺内景**
主尊表情呆板，袈裟覆盖佛座，莲座地层有二高浮雕狮子。主尊左右二菩萨的
有梗莲座系出自主尊座下

高 1.20 米的供养菩萨，立于有梗莲花座上，菩萨均面部残失，身躯微扭，满饰璎珞，左侧菩萨左手置腹前，右手持麈尾上搭于肩，右侧菩萨双手合十。

二弟子位于正壁左右转角处，着汉式袈裟，立于束腰仰覆莲座上。左弟子迦叶，像高 1.75 米，头残，双手合十，圆形头光上方有二身供养菩萨，身外侧有一着袈裟，穿长筒靴，双手合十立于有梗莲花座上的供养比丘像。右弟子阿难，像高 2 米，头残，双手于胸前持葫芦，身外侧亦有一穿靴供养比丘像。二菩萨二天王像延至左右两壁。二菩萨，头戴宝冠，面相丰满，颈间有蚕节纹，胸饰项圈璎珞于腹前穿璧，

二 艺术之龙门 | 69

**敬善寺右（南）壁**
右天王肩略下溜，右手持剑把，剑锋向窟内。天王外侧为供养菩萨，头上方似被凿损

**敬善寺左（北）壁**
左菩萨两肩有圆形实物，身挂璎珞宝珠，动态优美自然。天王无脖颈，耸肩，右手持剑把，剑锋向窟外。天王外侧多小龛造像

70 | 洛都圣像　龙门石窟

立于束腰仰覆莲座上，身后有内圆外桃形头光。左菩萨，像高2.20米，左手提净瓶下垂，右手举于胸前。右菩萨，像高1.85米，左手置胸前，右手提一物下垂。二天王，头戴冠，怒目圆瞪，身着铠甲，略向后仰，双手持剑，下束战裙，裹腿，长靴系革带，双足踏夜叉，身后有素面圆形头光。左天王高1.55米，右天王高1.87米。在窟内四壁造像之间，穿插雕刻了53身姿态各异、或立或坐的供养菩萨，并以莲花梗串联成组，此种题材应属于西方净土变之早期形式。

窟顶为莲花藻井，仅雕出轮廓线，覆莲瓣周围绕以七身迎风飞舞的飞天，形象生动完好。

敬善寺是唐皇室直接开窟造像的重要洞窟，供养比丘像的出现，代表着造像施主进入造像群像中，为龙门首见，并成为后世洞窟参照的样本，如唐高宗造大卢舍那像龛时也见到了这种形象。53身供养菩萨的题材，象征着阿弥陀净土的佛国世界。

## 小知识◎敬善寺题记

其文云："敬善寺石像铭：若夫银枝毓祉，缔灵影于金园；剑雨销氛，飞惠液于沙界。自鹤林秘彩，鸡山蕴迹，甄睿像于贞金，刊瑞容于芳琬：风猷不坠，以此赖焉。纪国太妃韦氏，京兆人也。苕姿含绮，霏华椒披，兰仪湛秀，绢美蘋隈。而思惕红沙，浪真辉于五剑；神栖缟雾，延妙业于三珠。爰择胜巘，丰修灵像，质融虹彩，影袭鸾骞。月逗仙河，分紫眉而汰色；星流天菀，翊绀瞳而飞照。悬诚已罄，茂绩其凝，化鸟旌越海之功，藏龟彰拔尘之果。昭昭峻业，难可名言者哉！加以凝石疏基，均霜表地，川洁桐园之翠，风送杏岩之香。虽净镜开金，虑瞑于桑海；宏规蕰石，谅终期于芥城。其铭曰：二灵已散，一体未融。动植滋夥，物象相蒙。情氛委岳，识浪随风。终沦□住，孰亮三空，大雄降迹，玄津斯演。瑞浦澄流，祥山辟崛。雪童战胜，檀林翼善。了义西宣，妙轮东转。叶润攸在，震区有庇。望影咸图，寻光必萃。粤惟德范，凤探微秘。诣道虽忘，瞻容乃谓。珠璎禠玩，银藏倾财。林中写塔，云外崇台。临豪月海，映脸莲开。香烟起雾，梵响惊埃。南控鸾川，北驰春路。万室回瞩，四依辍步。抚因共植，披文同悟。比日长悬，随山永固。"

## 双窑

双窑位于龙门西山中段北端，以二洞南北并列且共享一个前室而得名，开凿于唐高宗（650～684年在位）时期。

前室进深约2.25米，最宽处57米，最高处2.84米。窟口外圆雕三尊力士像。力士像均赤足立于长方形山石状座上。北洞北侧力士，像高1.89米。头部剥蚀严重，颈部隆起四条竖向劲筋，右臂向斜上方举起，左臂下垂，拇指伸直。上身袒露，颈下戴项圈缨络，缨络在腹前穿璧，腰束札带，下着战裙，飘向左方。北洞南侧力士，像立高1.93米。保存尚好，头侧对北门，立眉、方目、大耳、双唇紧闭。颈肌、喉头及二锁骨皆突起。右手握拳，侧举于脑后。左手反置于腹前，手已残毁。右腿直立，左腿侧出，身体弓向北门，雄壮有力。左胸、左足皆残。头戴花冠，颈下戴项圈缨络，缨络只存由右肩至左腿的一条，所穿战裙形式同前力士。南洞南侧力士，像高2.10米。力士双目圆瞪，张口含舌，收胸鼓腹。劲筋与喉头突起，肋间及乳下线条凹入颇深，似肺腑间蕴满气量。左臂上举，五指并拢。左臂自然下放，肱大肌突起，手握拳，贴于右胯。左足直立，右足侧出。头戴花冠，身饰项圈璎珞，下着战裙与前力士相同。

　　北洞地平面呈长方形，进深约6.90米，最宽处3.60米，最高处3.50米。窟门呈圆拱形，高2.2米。门道左侧二坐像龛，造像均为一佛二菩萨，另有一浮雕七层塔。其南侧一龛尚完整，其余皆为残龛。正（西）壁造像为一佛二弟子，主尊阿弥陀佛结跏趺坐于八角束腰倚柱式莲花座上，像高2.25米，座高0.92米。主尊波纹高肉髻，方额广颐，颈部粗圆，有三道蚕节纹，溜肩，胸微挺。左手五指并拢（小指和无名指已断）放于左膝上，掌心向上。右臂前伸，自腕部以下断去。外披汉式袈裟，内着僧祇支。身后有圆形头光和舟形身光，头光三重，内为素面圆，中为双层宽莲瓣，外为"七佛"。身光之火焰纹直达窟顶。佛座转角处，各雕狮子一只，惜皆残毁。左右二弟子均外披汉式袈裟，内着僧祇支，赤足立于束腰圆莲座上，有圆形头光。左弟子迦叶，像高1.95米。面形方圆，额满皱纹，锁骨突起，双手举至胸前，左手托一凸形物，右手扶之。右弟子阿难，像高2米。面相方圆，颈部有三道蚕节纹，双手合十。

　　左右（北南）壁各有一立佛二菩萨一天王。北壁立佛立于束腰圆莲座上，像高2.25米。波纹高肉髻，面相浑圆，左臂下垂，手持一物，右臂贴身举于胸前，腕以下断去，着通肩式大衣，头光与身光形式同正壁主尊。立佛左右菩萨均立于仰覆莲束腰台座上，面部亦均残，袒上身，下着裙，胸前饰项圈璎珞，璎珞于腹前穿环，帔巾自双肩垂下绕肘而下，有双重头光，内为莲瓣，外为火焰纹。左菩萨像高2.30米，左手似执军持，右肘举于胸前，手腕戴镯。右菩萨像高2.25米，左手

**双窑北洞左（北）壁**
天王足下魔鬼已残

下放，捏下垂的披帛，右肘部举胸前，食指伸出，余皆屈回。天王像位于最东端，已被盗凿，仅余足下魔鬼。

南壁立佛立于束腰圆莲座上，像高 2.30 米。面部残，左小臂平举出掌，右臂之小臂微屈胸前，屈小指和无名指，余皆残，赤足。头光、身光及服饰同北壁立佛。南壁立佛左右菩萨服饰、手势大致同于北壁立佛两侧菩萨。左菩萨像高 2.25 米，面部及两手皆残，左手举胸前，右手下放，持一物。右菩萨头与左手残，腰肢苗条，胸部微丰满，右手捏披帛。南壁天王在最东端，像高 1.90 米。头戴冠，面相上半部毁去，身披甲胄，下着袴褶，足踏夜叉。左手握拳，右手持一物，已残。内着袴，踝部束起，有护腿。足穿靴，已残，下踏的夜叉原貌不可见，唯存外侧二利爪。窟顶为莲花藻井，围绕八身飞天，头部均残。

**双窑北洞右（南）壁**
天王盔甲有护颈、护胸，腹前饰有梅花图案

南洞地平面呈长方形，窟顶前部为圆拱形，后部为穹隆形。进深7.30米，最高处3.10米，前部宽1.87米，后部宽2.47米。窟门呈圆拱形，高2.10米。通道左侧上层为九排坐佛，每排十身左右。中层一圆拱龛为唐垂拱二年（686年）魏茌造阿弥陀像龛，造像为一佛二菩萨；下层为垂拱三年（687年）六月二十五日徐节造阿弥陀并二菩萨像龛。通道右侧残损严重，上层有天授二年雕凿的观音及千佛像。正壁造像为一佛二弟子二菩萨，主尊弥勒佛倚坐于方形台座上，双足各踏一莲花足踏，像通高2.12米。头部、右肩、右手、右膝、右足全部残损。左手五指并拢，置膝盖上，右臂前伸，双腿并下垂。服饰、头光与身光形式略同北洞主尊像。主尊左右二弟子基本形象同于北洞，左弟子像高1.35米，头残，双手合十。右弟子像高1.42米，长圆面相，鼻口

**双窑南洞正壁**
正壁为弧形,与两侧壁连接处凹进

皆残,双手捧一瓶状物,左手在下,右手在上。主尊左菩萨头部及两手已残,右臂上举,执麈尾,搭于右肩,左臂亦似微举。溜肩,腰肢较细。服饰、缨络、身光同北洞菩萨。右菩萨全身毁去,只残存莲座。南北两壁除了壁面中间各有一身倚坐佛外,整方壁面遍刻千佛。

### 小知识◎双窑南洞千佛

南洞南北两壁各雕千佛,北壁上下共16排,东西每排30身,佛结跏趺坐于束腰座上。北壁壁面东侧有残损,正面有小裂隙，倚坐佛位于自上而下第7排，自西向东第15个。南壁格局基本同北壁。前壁门北侧上下14排，每排三尊；南侧上下11排，每排三尊。

### 万佛洞

万佛洞位于龙门西山中段北端，因洞窟内左右壁（北南壁）雕凿有15000尊佛像而得名，也是龙门石窟中唯一留有准确纪年的大型洞窟，由窟顶莲花藻井及门道北壁之铭记可知，此窟完工于唐高宗永隆元年（680年）十一月三十日，是当时宫中女官大监姚神表及内道场智运禅师，为高宗及武则天作功德所开凿的洞窟。

本窟分为前后两室。前室进深4.28米，最高处5.30米，最宽处4.90米。

**万佛洞窟口北侧力士**
力士眼、耳硕大，颈、胸骨粗隆，袒上身，全身筋肌发达，显得孔武有力，身体略向窟门外侧倾斜

正（西）壁窟门两侧各雕一力士。力士低发髻，袒上身，肌骨外露，双手握拳，胸前饰璎珞，于腹前交叉，下着裙。左（北）侧力士，像高3.58米。左手下垂，右手上举至肩。右（南）侧力士，像高3.50米，左手上举，右手下垂至臀部。力士外侧、前室南北壁有两狮龛，龛内原有狮子于20世纪30年代被盗凿。南北壁除狮龛之外，余壁小龛密布。南侧力士左手处有四个上下排列的观音龛，上分别为高大娘、刘大娘造，中间为永隆元年（680年）正月二十日崔怀俭为在军之日为祈平安而造，下为调露二年（680年）七月十五日游印度归来的知名高

僧玄照所造。前室南壁小龛中较典型的是永隆二年（681年）许州仪凤寺比丘尼真智所造观音像龛。像高0.85米，面部残损，身饰璎珞宝珠，帔巾横于腹膝间，左手提净瓶，右手执麈尾搭于肩上，姿态曲线自然优美。

窟门高4.20米、宽2.57米，门道进深0.67米。门道南北壁上均为小龛，北壁上为"沙门智运，奉为天皇、天后、太子诸王敬造一万五千尊像一龛"的题记。其下有佛、菩萨、供养比丘等造像，南壁上有胡处贞造弥勒像500身、地藏菩萨像龛等，最下还有一幅线刻比丘、力士图。

后室地平面呈方形，平顶，进深6.85米，最高处5.80米，最宽处5.87米。

正（西）壁造像为一佛二弟子二供养人二菩萨，主尊阿弥陀佛结

**万佛洞正壁**
就大小比例而言，供养人像此时已经开始变大，并且变得醒目显眼

**万佛洞窟口南侧观音像**
此观音像被誉为龙门最美的塑像,据传当年郭沫若在创作话剧《洛神赋》中的神女形象时,就是以这尊塑像为蓝本的

跏趺坐于八角仰覆莲束腰台座上,像高5.65米。主尊波纹高肉髻,面相丰满,颈部有三道蚕节纹,外披汉式袈裟,内着僧祇支,左手抚膝,右手上举至胸前,手指残。身后有圆形头光和舟形身光,头光三重,内为双层莲瓣,中为"七佛",外为唐草纹,身光之火焰纹直达窟顶。左右二弟子均外披汉式袈裟,内着僧祇支,赤足立于束腰圆莲座上,有圆形头光。左弟子迦叶,像高3.40米,双手于胸前持一葫芦状物。右弟子阿难,像高3.41米,双手合十。二弟子外侧各有一个世俗供养人。左侧像高2米,双手合十,右侧像高2.10米,上着短襦,下束长裙,足穿云头鞋,双手于胸前持一葫芦状物。二菩萨头均残,身饰璎珞宝珠,帔巾横于腹膝间,身后双重头光,内为莲瓣外火焰。左观世音菩萨,像高3.60米,左手提净瓶下垂。右大势至菩萨,像高3.66米,左手于肩部拿一宝珠形物,右手提物下垂。正壁上方有52身供养菩萨像,

她们或坐或侧，或手持莲花，或窃窃私语，神情各异，整个题材应为阿弥陀五十二菩萨的西方净土变。

左右（北南）壁刻满排列整齐的结跏坐千佛，唯在正中各造一大优填王像龛，壁面下层则饰以伎乐各六身。前（东）壁洞口两侧上层为小造像龛及结跏坐千佛，其下各有一尊天王像，全身着甲，下踏魔鬼，北侧天王像高 2.55 米，南侧像高 2.65 米。

窟顶雕刻莲花藻井，内为莲蓬莲瓣，中为"大唐永隆元年十一月三十日成，大监姚神表，内道场运禅师，一万五千尊像一龛"的题记，四周环绕飞天八身，完整者仅存三身。

万佛洞整体造像为一佛、二弟子、二供养人、二菩萨、二天王、二力士、二狮子的组合，是龙门石窟造像组合最为完整的洞窟。窟内

**万佛洞窟顶莲花**
题记刻意避开残破部分，可知开凿本窟时，自然残损就已存在

供养菩萨、伎乐、飞天、千佛，构成了一幅鲜明的、万众成佛的西方极乐世界图景。窟内造像比例适中，形象生动，刀法圆润，体现了唐代前期艺术的成熟。

**惠简洞**

惠简洞位于龙门西山中段北端，位于万佛洞南侧，根据南壁近洞口处之题记记载，可知此窟乃长安法海寺主惠简为唐高宗、武则天、太子李宏、周王李显作功德所开凿，完工于唐咸亨四年（673年）。

惠简洞窟内地平面为长方形，平顶，进深约2.80米，最宽处3.52米，最高处4.20米，是一个中型洞窟。

窟口上方有南北对称的方形凿孔，可能原有木结构建筑。窟内正（西）壁设坛。正壁坛上造像为一佛二弟子二菩萨。主尊弥勒倚坐于

**惠简洞外景**
本窟临近参观道，所处崖面位置较好

方形台座上，高肉髻，宽额阔面，外披汉式袈裟，内着僧祇支。头光双重，内为莲瓣，外为七佛。背光为靠背椅式。左右为二弟子、二菩萨，均立于基坛上，足下踏束腰圆形莲座。左弟子迦叶早期被凿，仅余头光。右弟子阿难，像高1.90米，双手于胸前持一葫芦形物，因形似大卢舍那龛中的阿难像，本窟又被称为"小卢舍那像龛"。二菩萨头均残，颈部有蚕节纹，胸前饰项圈璎珞，璎珞自双肩垂下于腹前穿璧，帔巾自双肩垂下直达窟底。左菩萨像高2.27米，左手提物向下，右手伸五指向外。右菩萨像高2.15米，左手置胸前，右手提一物下垂。左右（北南）两壁原雕天王、力士各一尊，现仅存头光。南北壁还有小龛若干，内容有成排千佛、单身观音、坐佛、一佛二菩萨、地藏等，其中纪年龛有文明元年（684年）四月八日赵奴子造弥勒像龛等。本窟造像题记位于南壁外侧下层，其周围有数小龛造像，内容有千佛、观音、坐佛等。

## 小知识◎惠简洞题记

记云："大唐咸亨四年（673年）十一月七日，西京法海寺僧惠简，奉为皇帝、皇后、太子、周王，敬造弥勒像一龛，二菩萨、神王等，并得成就。伏愿皇帝圣化无穷，殿下、诸王福延，万代。"其中皇帝即为唐高宗李治，皇后为武则天，太子为李弘，周王为李显。开窟人惠简，传记附见于《宋高僧传·道英传》，同时他也是大卢舍那像龛的检校高僧之一。

**奉先寺远眺**

隔河远眺,卢舍那大佛不悲不喜,看尽尘世潮起潮落;旁侧弟子菩萨,不嗔不怒,阅遍人间云卷云舒

### 奉先寺大像龛

奉先寺大像龛位于龙门西山中段上层,唐代的正名是"大卢舍那像龛",是龙门石窟中规模最大、气势最雄伟、雕刻最精美的唐代石窟。该龛造像摆脱了窟室的桎梏,劈开山崖,沿崖造像,这也是全中国唯一一座这样建造的大型石窟。根据镌刻于主尊佛座北侧面上的《河洛上都龙门山之阳大卢舍那像龛记》记述,此龛为武则天与唐高宗共同发起的政教功德事业,武则天曾在唐高宗咸亨三年(672年)四月捐助脂粉钱两万贯,由当时西京实际寺善导禅师等检校,司农寺卿韦机等主持,于唐上元二年十二月三十日(676年1月20日)完工。

本窟形制上采用开敞式结构的布局,平面呈"冂"字形,南北最宽约36米,东西进深约40.70米。三壁设坛,坛高0.58米,正壁坛

**卢舍那大佛**

卢舍那大佛的开凿与武则天密切相关,更有传言认为卢舍那大佛即是按照武则天的相貌雕凿而成

深 4.56 米，侧壁坛深 1.57 米。正（西）壁造像为一佛二弟子二菩萨，左右（北南）壁分别雕造二天王二力士二供养侍女。正壁主尊卢舍那佛结跏趺坐于八角束腰叠涩莲座上，像通高 17.14 米，头高 4 米，耳朵长达 1.90 米。主尊波纹高肉髻，面部丰满圆润，细眉长眼，高鼻梁，嘴角含笑，长耳，颈部有三道蚕节纹，胸部微隆，身着通肩式袈裟。佛座束腰处原有 13 身神王像，大多残损，仅右侧三身完好。主尊身后有三重头光和舟形大背光，头光内为莲瓣，中为七佛，七佛各有二胁侍菩萨，外为火焰纹；背光内为火焰纹，外为飞天伎乐。

主尊左右分别为弟子迦叶、阿难，立于仰覆莲束腰座上，身后有双重素面头光。左弟子迦叶像高 10.30 米，除嘴部及膝以下外，余皆残损。

卢舍那佛左弟子迦叶
底座束腰处有壸门

卢舍那佛右弟子阿难
阿难神情淡然，有双重素面头光

**卢舍那佛左文殊菩萨**
两耳较长,下垂葫芦形耳饰,双足及立座稍残

**卢舍那佛右普贤菩萨**
右手残,右侧帔巾向外飘出

右弟子阿难像高 10.65 米,光头圆面,眉清目秀,颈部有蚕节纹,两肩方圆,着汉式袈裟,衣角搭于左肘上,双手残。二弟子外侧为文殊、普贤菩萨,头戴宝冠,宝缯发辫垂至肩头,面相丰满,双目微睁,下颌短,颈部有蚕节纹,胸饰项圈璎珞,璎珞于腹前穿璧,帔巾横于腹膝间两道,袒上身,腰束带,下着裙,赤足立于束腰八角莲座上,身后有火焰宝珠形头光。左文殊菩萨像高 13.25 米,左手屈二指下伸,右手于胸前捏二指。右普贤菩萨像高 13.25 米,左手于胸前,手指残,右手下伸。

二菩萨外侧,左右(北南)壁依次各有一供养人,一天王,一力士。南北侧供养人均面向卢舍那佛,均高约 6 米,梳丫髻,着长裙,足穿云头履,立于仰覆莲台座上。左供养人头及胸部以下残损,右供养人面相丰满,

**卢舍那龛左壁天王**
魔王侧仰,天王左脚踩在魔王左膝,右脚踩在魔王头上

**卢舍那龛左壁力士**
胸前璎珞呈三股,穿璧后变为两股垂下。左手手掌向外,右手握拳

颈部有蚕节纹，躯体右侧残。左（北）壁为毗沙门天王及金刚力士，右（南）壁为增长天王和金刚力士。北壁造像保存较好，天王像高10.50米，束高髻，戴三珠宝冠，面丰颈短，护以顿项，双肩饰护膊，身穿甲胄，腰束腾蛇，腹前饰有铺首，足穿长筒靴。左手叉腰，右手平托三层宝塔。左腿直立，右腿稍屈，踏一仰身魔王，身体前倾，气势逼人。力士像高9.75米，头戴冠，面相狰狞，睁目张口，颈部筋骨高突，袒上身，下着裙，胸饰项圈璎珞，璎珞于腹前穿璧，帔巾自双肩垂下横于腹膝之间，左手举掌内收，右手叉腰运气，双腿直立于长圆形台座上。南壁造像保存不甚好，天王像高10.50米，头残，仅留右臂及前胸，上着铠甲，右臂饰飞禽纹样，右手叉腰，脚踏魔王。力士像高9.75米，胸以上残，服饰同于左壁力士，左手上举，右手置腹下，身体略前倾。

正壁与左右两壁造像之间穿插开凿有大量龛像，以立佛像为主。服饰、姿态大多相似，多有残损。

奉先寺大像龛群像既有主从的对比，也有文武、动静的对比，主次分明，成功地突显了象征佛陀智慧光明普照的卢舍那佛至高至尊的地位，同时，造像仪态优雅，身形比例匀称，面容沉静生动，是有唐一代高度发达的文化艺术的结晶，也是中国艺术史上空前宏伟壮丽的巨型群雕，其博大精深的艺术魅力，至今无与伦比，震撼人心。

小知识◎《河洛上都龙门山之阳大卢舍那像龛记》

碑文云："大唐高宗天皇大帝之所建也。佛身，通光座高八十五尺，二菩萨七十尺，迦叶、阿难、金刚、神王各高五十尺。粤以咸亨三年（672年）壬申之岁四月一日，皇后武氏助脂粉钱二万贯。奉敕检校僧：西京实际寺善道禅师、法海寺主惠简法师。大使、司农寺卿韦机，副使、东面监、上柱国樊玄则。支料匠：李君瓒、成仁威、姚师积等。至上元二年乙亥十二月卅日（676年1月20日）毕功。

"调露元年（679年）乙卯八月十五日，奉敕于大像南置大奉先寺。简召高僧行解兼备者二七人，阙即续填，创基住持。范法、英律而为上首。至二年（680年）正月十五日大帝书额。前后别度僧一十六人，并戒行精勤、住持为务。恐年代绵邈，芳经莫传，勒之颂铭，庶贻永劫云尔。

"佛非有上，法界为身。垂形化物，俯迹同人。有感即现，无罪乃亲。愚迷永隔，唯凭信因。实赖我皇，图兹丽质。相好希有，鸿颜无匹。大慈大悲，如月如日。瞻容垢尽，祈诚愿毕。正教东流，七百余载。□龛功德，唯此为最。纵广分十有二丈矣，上下分百卌尺耳。"

## ◎卢舍那佛

在佛教中，卢舍那是报身佛。卢舍那这个名字其实就是法身"毗卢遮那"的简称，释迦如来在立名时，把他的报身和法身立在同一个名中，表示法、报不二。佛有三身，法身即是最本质、最圆满的智慧，是无相可言的。法身佛就是宇宙的人格化，一切佛的智慧和宇宙本身平等不二，所以一切佛的法身根本无分别，都是摩诃毗卢遮那佛（汉译为"大日如来"）。报身是佛的修行依因果感召而来的报应身，是修行圆满、大彻大悟的表现。释迦牟尼佛则是化身。他以卢舍那化身的身份,来到娑婆世界示现成佛。卢舍那大佛的开凿,体现了东方艺术更具"整体平静的和谐"(瑞典汉学家喜龙仁)。

**北市彩帛行净土堂**

北市彩帛行净土堂位于龙门西山南段中层,因窟楣上刊刻"北市彩帛行净土堂"8个楷书大字而得名。

窟分前后室,前室地平面为方形,平顶。南北壁上遍造小龛。北壁上原凿有《九品往生图》浮雕,现存"下品上生""下品中生""下品下生"及莲花童子、伽陵频伽鸟、坐佛、立菩萨、裸体童子、舍利鸟等形象。

窟门方形,高 1.89 米,宽 1.31 米,窟楣 8 个大字已经崩塌过,1975 年对它进行了补贴加固,现在字迹清晰可见。其右还有楷书小字:

**净土堂窟门外北侧壁**
有莲花童子、坐佛、立菩萨、裸体童子、舍利鸟等形象

"北市香行王元翼、李谏言、刘义方、王思忠、张□行。"这些成员虽是香行成员,但也可能是彩帛行开窟活动的赞助人或参与了开窟活动。窟门上方造 12 身坐佛,均有不同程度的残损。

主室地平面为长方形,平顶,进深约 1.77 米,最宽处 3.08 米,最高处 2.26 米。

窟内三壁起坛,坛高 0.23 米,宽 0.50 米。洞内主要造像已毁,坛基上有明显凹下的八角形造像遗迹,中间 5 个,南北两侧各有两个,估计造像内容为正壁一佛二弟子二菩萨,左右壁各一佛二菩萨。

正(西)壁北侧刻有王宝泰、赵玄勋等造西方净土佛龛记:"……造阿弥陀佛像三铺并侍卫总计十一尊像,延载元年(694 年)八月三十日。"现字迹已风化。南侧刊《佛说菩萨诃色欲经》,文中有"女人之相,其言如密,而其心如毒。……妇人之由,毁宗败族,妇人之罪,实是阳贼……"经文后的发愿人名单有沙门、地方官吏、布衣百姓,其中女信士占了很大的比例。

北市彩帛行净土堂的开凿,见证了当时手工业者开龛造像的活动实况,表明唐代商业已有了行会组织并且相互之间多有联系。

## 小知识◎九品往生

佛教中,依据念佛人的智慧功德的深浅不同,可以分为上、中、下三辈。在三辈中,每一辈又可分为三品,即上上、上中、上下、中上、中中、中下、下上、下中、下下,合之便成九品,也就是九种品类的意思。不同品的人往生时间、结果等都不一样,是因果循环报应的一种具体体现。

**八作司洞**

八作司洞位于龙门西山南段南端，因洞内北壁有"东京八作司石匠一十人"的铭文而得名，开凿年代大致为唐武后光宅元年（684年）至景龙四年（710年）。

窟分前后室，前室地平面为方形。窟檐部分脱落，窟门北侧崩塌。窟门两侧各造一力士，保存较差，北侧力士仅残存左腿下段；南侧力士头、臂及膝以下部位残缺，袒上身，下着裙，飘带刻入圆形头光中，赤足立于山岩座上。该力士头上方一造像龛，龛门两侧对称雕出骑狮之文殊与骑象之普贤像。

窟内平面呈倒"U"字形，穹隆顶，进深约4.50米，最宽处4.62米，最高处4.42米。

后室三壁环坛，坛高0.72米，坛正面壸门中均刻乐舞伎。正壁坛上造像为一佛二弟子，主尊结跏趺坐于双层叠涩四角束腰台座上，涡纹高肉髻，面相丰满圆润，身着通肩袈裟，左手置左膝上，右手残。身后有双重头光和舟形大背光。头光内为莲瓣，外为七佛；身后内为火焰纹，外为伎乐飞天。主尊两侧二弟子，身着汉式袈裟，立于八角束腰双瓣莲座上，均有圆形火焰纹头光。左弟子左手于胸前提一桃形物，右手下垂；右弟子双手置腹前。正壁坛正面四格间自北向南分别为一个持团扇伎乐、两个相对的舞伎和一个吹笙的伎乐。

左右（北南）壁坛上的造像分别为一菩萨一天王一狮子。菩萨像头残，颈部有三道蚕节纹，胸饰项圈璎珞，璎珞于腹前穿璧，帔巾自双肩垂下绕肘后直垂底座，袒上身，下着裙，身后有三重头光，内为莲瓣，中为七佛，外为火焰纹。北壁菩萨左手提一净瓶垂下，右手上举；南壁菩萨左手执帔巾下垂，右手置胸前。天王像头残，上身着铠甲，

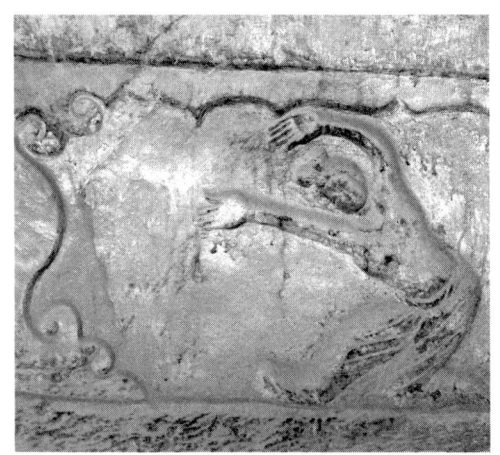

**八作司洞正壁坛座伎乐**
此为位于正壁坛座北侧的舞伎。其双手向身体右侧弯曲，一膝跪地，一足翘起

腰束带，下着裙，穿长靴，足踏魔鬼之上，身后有双重圆形素面头光。北壁天王左手叉腰，右手上举；南壁天王腹前有兽首装饰，左手叉腰，右手举一宝珠。北壁狮子大部残损，前肢着地，后蹲坐，尾巴翘起。北壁坛正面三格间自东向西分别为弹筝、吹笛、吹排箫之伎乐，伎乐之间有本窟题记；南壁坛正面三格间自东向西分别为吹排箫、弹瑟、击鼓之伎乐。

窟顶风化脱落严重，仅存莲蓬。

---

### 小知识◎八作司

古代官署名。宋代时隶属将作监，又分东西二司，主要掌管京城内外修缮事务。金代时有八作左右院，掌管收军需、军器等事务。元代时隶属工部，又分左右二司，左八作司掌管出纳内府毡货、柳器等物，右八作司掌管出纳内府漆器、红瓮等并制造铜铁器、皮毛等物。

**看经寺**

看经寺位于龙门东山万佛沟外北侧，是东山规模最大的洞窟，周围原有砖砌的院墙，正面有砖瓦结构的二层门楼，门额上题有"看经寺"三字。

洞窟分前后室，前室方形，原有木构建筑，现风化严重，窟楣尤甚，窟楣两侧相对原各有二飞天，现仅存部分飘带，基本形象已模糊不清；窟口外两侧，各为一高浮雕力士，南侧的已崩毁，北侧的略残，头束冠，睁目怒颜，颈部筋骨高突，胸肌发达，双臂残，袒上身，下着裙，裙带尚存。前室左右（南北）壁龛像，残损颇多。窟门为长方形，高6.40米，宽5.22米，门道进深0.80米。

后室地平面呈方形，近平顶，中部呈球面凹状，进深约11.70米，最宽处11.16米，最高处8.25米。

窟内壁面大多素净无饰，窟底无雕饰。南壁中层有9排千佛像，每排4身，中间被6个方孔打破。北壁正中有一块平整壁面，上造6排像，第1排为千佛，第2排到第6排为姿态各异的立菩萨像，从上到下各排均由同茎莲座相互连接。前壁另有一方形像龛与一圆形龛。

本窟最突出的是东、南、北三壁下部造像，三壁下层作立面"工"字形装饰带，高约2米，南壁长9.60米，东壁长11.35米，北壁长9.35米，装饰带内有高浮雕罗汉群像，像高1.80米左右，皆身着袈裟，足穿云头履，身姿、神态及手持物各不相同，三壁分别为南壁9身，东壁11身，北壁9身，共29身，其中26身保存较好。根据费长房《历

**看经寺北壁千佛及菩萨像**
坐佛一排16身，立菩萨像排列中央壁面损毁。

代宝法记》记载，西土二十九祖传法谱系，即摩诃迦叶至菩提达摩29人。看经寺这组造像，其数与之相合，当可推断为禅宗二十九祖群像。群像神情各异，写实生动，刀法圆润，刻画细腻，为唐代人物雕刻之精品。

窟顶中央刻莲花藻井，周围绕以六身飞天，横卧飞翔状，张双臂，露出双足。

---

小知识◎禅宗二十九祖

根据《历代三宝记》所载，释迦灭度后，法眼付嘱摩诃迦叶，之后为阿难陀、末田地、商那和修、优波掬多、提多迦、弥遮迦、佛陀难提、佛陀蜜多、胁比丘、富那耶奢、马鸣、毗罗长老、龙树、迦那提婆、罗睺罗、僧伽难提、僧伽耶舍、鸠摩罗驮、奢夜多、婆修磐陀、祖摩拿罗、鹤勒耶、师子比丘、舍那婆斯、优婆掘、须婆蜜、僧伽罗叉、菩提达摩，前后为西国29代。另有二十八祖一说，少末田地。

### 高平郡王洞

高平郡王洞位于龙门东山万佛沟中部北侧上层，是沟内规模最大的一所洞窟，因窟内留有高平郡王造像而得名，由此推断本窟大约开凿于唐天授元年（690年）至神龙元年（705年）。

窟分前庭后室，前庭方形，平顶，东部窟檐已崩坍。窟门高4.31米，宽3.08米，厚0.88米，窟门两侧各刻力士一身，头束髻，怒目圆睁，筋骨暴突，袒上身，下着裙，帔巾绕身后一周，有圆形火焰纹头光，赤足立于山岩座上。东侧力士左手握拳下伸，右手握拳上举；西侧力士左手握拳上举，右手下伸。

后室地平面呈长方形，横券顶，进深约7.60米，最宽处9.96米，最高处6米。

窟内三壁设低坛，窟顶无雕饰。正（北）壁中上层造像为一佛二弟子二菩萨，或坐或立于同茎仰莲座上。主尊阿弥陀佛结跏趺坐，头残，着通肩袈裟，

**高平郡王洞窟门西侧力士**
典型的武周时期力士，筋骨暴突，肌肉发达，比例匀称，形态刚劲有力，裙摆斜飘，纹饰清晰，质感十足

双手置胸前，左手捏二指，右手伸开，掌心向外。左右二弟子立于莲座上，左弟子迦叶，面相老成，筋骨毕现，双手于胸前持一葫芦；右弟子阿难头残，双手于胸前持一筒状物。弟子两侧为二菩萨，头均残，袒上身，下着裙，帔巾自双肩垂下，横于腹膝间。左观音菩萨，左手提净瓶，右手屈肘外伸；右大势至菩萨左手置一花瓶，右手执帔巾一角下垂。正壁下层设佛坛，坛上造像10身，均结跏趺坐于束腰莲座上，大部分头残，服饰有通肩袈裟和袒右袈裟，带臂钏。

东壁因壁面有大裂隙，而无雕饰，西壁设佛坛，高0.56米，坛上造像7身，现失一身。壁面中部造像一排9身，上部造像一排8身，均未竣工。前（南）壁东侧无造像，西侧造上下3排结跏趺坐佛像，每排3身。

在窟内底部地面上，整齐凿有24个圆孔，并残存一些造像及12个莲座。在莲座上发现有题记若干，其中较为重要的有两则，其一为："大周之代，高平郡王图像尊仪，躯有数十，阙功未就，掩归四大，自兹零露，雨洒尘霭，遂使佛日沉辉，人天福减。惟我香山寺上座慧澄法师，伤之叹之，惭之愧之。爰征巧匠，尽取其囗……"其二为："大唐开元十六年（728年）二月廿六日，香山寺上座，比丘慧澄检校此龛庄严功德记。同检校比丘张和尚，法号义琬。刻字人常惠。"由上述题记可知，此窟功德主是武周时代的高平郡王武重规。

## 小知识◎高平郡王武重规

武重规为武则天内侄，天授元年(690年)受封高平郡王，神龙元年(705年)降封国公，史书未载其卒年。其事见于《新唐书》卷二一五上。曾率军反击默啜的入侵。此龛应为其生前所作，但工程未完，他已去世。由香山寺上座比丘慧澄于玄宗初年继续修造，但也未能最后完工。

## 大万伍佛像龛（擂鼓台中洞）

大万伍佛像龛位于龙门东山万佛沟南侧的擂鼓台上，得名于窟楣上方正中题记，因与并列的南、北二洞被统称为擂鼓台三洞，故此洞尚有擂鼓台中洞之称。此窟大约完工于唐武周时期（690～704年）。

窟外崖面崩塌严重，现残留部分刻满小千佛像。窟门两侧各刻一力士，北侧力士因崖面崩塌已不存，南侧力士剥落严重，仅可看出轮廓，袒上身，下着裙，左手上举，右手叉腰。窟门凿作竖长方形，上部呈拱券形，窟楣正中门额刻两竖行楷体"大万伍佛像龛"六字，门高4.10米，宽2.45米，门道进深0.85米。

窟内平面呈倒"U"字形，穹隆形顶，进深约7.70米，最宽处6.30米，最高处5.78米。

窟内中部设坛，坛高0.35米，东西长1.70米，南北宽2.60米。正（南）壁起一月形佛坛，坛高1.50米，其上造像一佛二菩萨。主尊倚坐于带高靠背的叠涩束腰方座，头、左胸及肩部均残损，着通肩袈裟，左手抚膝，右手残，双足下踏束腰圆台座。靠背上端为尖拱式，顶端有一坐佛，周绕果树等，两侧是龙、骑狮人、鸟头、马身及日、月、山、水等。靠背上方左右各有3身伎乐飞天，吹奏排箫、曲颈琵琶、铜钹、笙、笛等。二菩萨立于从佛座两侧伸出的圆莲座上，头残，袒上身，下着裙，胸饰项圈璎珞，璎珞于腹前穿璧，帔巾自双肩垂下横于腹膝间，头光三重，内为莲瓣，中为七佛，外为火焰纹。左菩萨左手提净瓶，右手外伸，右菩萨左手外伸，手心置一花瓶，右手下垂，下身残。

**擂鼓台中洞罗汉像**
像左侧题名为"次付鸠摩罗驮比丘第十九"

此洞南、东、北三壁下层作立面"工"字形装饰带，其中依照《付法藏因缘传》，浮雕罗汉群像共25身，像高0.80米，着袈裟，穿云头履。每个罗汉身旁都有一段铭文，介绍其生平事迹。除第三尊"末田地"铭文被挖凿外，余皆保存较好。西壁门内两侧刊刻有后秦鸠摩罗什译《阿弥陀经》及北魏菩提流支译《金刚般若波罗蜜经》各一部。

窟顶有莲花藻井，环绕以坐佛、伎乐天、童子、楼阁、宝幢、金翅鸟及各种乐器等图像的饰带。洞内四壁1.50米以上至藻井满刻莲花小坐佛，因刊刻有"南方一切诸佛""北方一切诸佛""东北方一切诸佛""东南方一切诸佛""西南方一切诸佛""西北方一切诸佛"

等榜题字样，故知为四方诸佛。

这一时期的唐代洞窟中，保存较好、较为重要的大中型洞窟还有赵客师洞、唐字洞、摩崖三佛、清明寺、老龙洞、破窑、北市丝行像龛、北市香行社像龛、龙华寺、极南洞、四雁洞、二莲花洞、擂鼓台南洞、北洞等。其中既有大量中小型龛像集中的赵客师洞、唐字洞、老龙洞、清明寺、老龙洞、破窑等，也有反映其时社会经济实况的北市丝行像龛、北市香行社像龛等，更有经过统一规划的大中型洞窟如龙华寺、极南洞、四雁洞、二莲花洞等。这些洞窟充分体现了中古时期我国佛教艺术的兴盛景象。

## 小知识◎擂鼓台中洞罗汉名

根据北魏昙曜译《付法藏因缘传》所雕刻，25身罗汉分别为摩诃迦叶、阿难比丘、末田地、商那和修、优波掬多比丘、提多迦比丘、弥遮迦比丘、佛陀难提比丘、佛陀蜜多比丘、胁比丘、富那耶奢比丘、马鸣菩萨、毗罗比丘、龙树菩萨、迦那提婆菩萨、罗睺罗比丘、僧伽难提比丘、僧伽耶舍比丘、鸠摩罗驮比丘、阇夜多比丘、婆修磐陀比丘、摩奴罗比丘、夜奢比丘、鹤勒那夜奢、师子比丘，与二十九祖相比，少了舍那婆斯、优婆掘、须婆蜜、僧伽罗叉、菩提达摩5人，多了夜奢比丘。

## 盛唐沉寂

　　安史之乱以后，李唐王朝每况愈下，政局不稳，社会经济发展缓慢，这一切使得龙门造像活动再一次沉寂下去。唐以后，五代、北宋随着佛教信仰形式及礼拜形式的变化，开窟造像不再流行，随之龙门造像亦近尾声，在龙门地区仅发现个别宋代佛龛。这一时期，虽有零星龛像的雕造，但神情呆滞、形态臃肿，雕刻技法日显粗糙，徒具其形而其神全无，完全不复往昔盛景。明万历三十八年（1610年），平阳府

**宋代造像**
此造像位于龙门东山看经寺下方，表情明显呆板，身形比例失衡，神韵全无，盛唐风采不再

绛州张一川造地藏王像一尊，这是龙门石窟有纪年造像最晚的一尊。至此，龙门造像结束。

综上所述，龙门石窟自北魏开凿以来，历经400余年的营造，石窟群蜂巢般密布于伊河两岸的峭壁上，南北绵延约1公里。虽经千年的风吹雨打、人祸天灾，仍大多保存尚好，以为今人管窥古人之伟力。龙门石窟现存窟龛2345个，造像10万余尊，石刻佛塔约50多座，碑刻题记2800余块。龙门石窟分凿于伊河两岸龙门山、香山之上。西岸龙门山主要为北魏窟（包括东魏、北齐龛像）和唐窟，其中大中型洞窟29个。西山属于北魏的大中型洞窟主要为古阳洞、宾阳中洞、火烧洞、莲花洞、魏字洞、皇甫公窟、普泰洞、慈香窑、地花洞、路洞等，而唐代的代表洞窟有潜溪寺、宾阳南洞、宾阳北洞（以上两洞的洞窟及藻井完成于北魏，佛像完成于隋和初唐）、敬善寺、摩崖三佛、万佛洞、双窑（分南北两洞）、惠简洞、老龙洞（天然溶洞，内多为唐代龛像）、破窑、赵客师洞、唐字洞、奉先寺、药方洞（北魏开凿未完工，龛像多完成于唐代）、八作司洞、净土堂、龙华寺、极南洞。东山基本均为唐代窟龛，其中大中型窟有7个，即擂鼓台三洞、高平郡王洞、看经寺、二莲花洞、四雁洞等。

## 2. 龙门之铭刻

龙门最早铭刻当为《水经注》中所记"（曹魏）黄初四年（223年）六月二十四日辛巳，大出水，举高四丈五尺，齐此以下"以及"（西晋）元康五年（295年），河南府君循大禹之轨，部督邮辛曜、新城令王琨，部监作掾董猗、李褒，斩岸开石，平通伊阙"等记载，惜现均已佚失。而与佛教石窟有关的铭刻则始自北魏孝文帝迁都洛阳，龙门出现佛教石刻造像之时，后经历代特别是唐代的大规模营造，龙门石窟之铭刻最终多达2800余品，位列全国石窟寺之首。其中有纪年题记702品，最早的纪年题记是北魏太和十七年（493年）孙秋生、刘起祖等200人造像记，最晚的是明万历三十八年（1610年）三月张一川造地藏王像记。

铭刻题记的内容一般是供养人姓名、造像原因、造像目的、造像题材及时间等。造像原因、目的大致为帝王权贵、七代父母、所生父母、丈夫、妻子、儿子、兄弟姊妹、师僧、法界众生等愿托生西方、值遇弥勒、来世成佛、征讨平安、行路平安、消灾灭难等。造像题材有佛、菩萨、弟子、天王、力士、浮图、佛传故事、道教造像、民间神灵等。

众多的铭刻题记，是对当时真人真事的具体辑录，且多为正统史籍所不载，是研究当时洛阳地区乃至全国的政治、经济、军事、文化及中外交流的重要史料，更为研究龙门石窟的历史、宗教、艺术等提供了宝贵的资料。其重要者，北朝有《龙门二十品》《太尉皇甫公石窟寺造像记》，唐代有《伊阙佛龛之碑》《大卢舍那像龛记》《户部侍郎卢征造像记》等。此外，药方洞唐初药方刻石是我国现存最早的一处古药方铭刻，为历代医学从业者及研究者所重视。

《龙门二十品》是指选自龙门石窟中北魏时期的二十方造像题记，是典型的"魏碑体"。"魏碑体"上承汉隶，下开唐楷，兼有隶楷两体之神韵。《龙门二十品》的书法艺术是在汉隶和晋楷的基础上发展演化而来的，形成了端庄大方、刚健质朴，既兼隶书格调，又孕楷书因素的独特风格，是北魏时期书法艺术的精华之作，"魏碑体"的代表。"二十品"的称呼最早见于清代康有为所著的《广艺舟双楫》和方若所著的《校碑随笔》。内容一般是造像者为人为己祈福消灾的。《龙门二十品》计有：《长乐王丘穆陵亮夫人尉迟为亡息牛橛造像记》《步辇郎张元祖妻一弗为亡夫造像记》《比丘慧成为亡父始平公造像记》《北海王元详造像记》《司马解伯达造像记》《北海王国太妃高为亡孙保造像记》《云阳伯郑长猷为亡父等造像记》《新城县功曹孙秋生、刘起祖二百人等造像记》《邑主高树、解伯都卅人等造像记》《比丘惠感为亡父母造像记》《广川王祖母太妃侯为亡夫广川王贺兰汗造像记》《邑主马振拜和维那张子成卅四人为皇帝造像记》《广川王祖母太妃侯为幼孙造像记》《比丘法生为孝文皇帝并北海王母子造像记》《邑主仇池杨大眼为孝文皇帝造像记》《安定王元燮为亡祖亡考亡妣造像记》《齐郡王元祐造像记》《比丘尼慈香、慧政造像记》《比丘道匠为师僧父母造像记》《陆浑县功曹魏灵藏、薛法绍造像记》。

《龙门二十品》中，十九品在古阳洞，一品在慈香窟。除始平公一品阳刻外，其余皆为阴刻。二十品题记之碑体都是在石壁上浅浮雕处碑体轮廓磨光后镌刻而成，龙门石窟各朝题记大多如此。

**小知识◎龙门书品**

龙门造像题记以品作单位，一般认为始于清德林选拓的《龙门十品》，此后造像题记及其拓本中较精者即以品为计量单位。后世文人或碑拓爱好者往往因个人喜好选择数量，故又有龙门四品、十品、二十品、三十品、五十品、百品乃至千五百品，其中以二十品最为社会公认，通行至今。《龙门二十品》是在龙门四品和十品的基础上发展而确定的。最早的四品为慧成、孙秋生、魏灵藏、杨大眼。二十品又可分为几类艺术风格不同的作品，康有为分之为四体：杨大眼、魏灵藏、一弗、惠感、道匠、孙秋生、郑长猷深著劲重为一体，长乐王、广川王、太妃侯、高树端方峻整为一体，解伯达、齐郡王元祐峻骨妙气为一体，慈香、安定王元燮峻宏奇伟为一体。

## 《长乐王丘穆陵亮夫人尉迟为亡息牛橛造像记》

本题记位于古阳洞北壁,全称为《太和十九年十一月长乐王丘穆陵亮夫人尉迟为亡息牛橛造弥勒像记》,是长乐王丘穆陵亮夫人尉迟氏(后改"尉"姓)为亡去的儿子牛橛所造,过去曾有"牛橛龛"之称。造像碑蟠龙碑首,碑座中间雕刻莲花一朵,左右二力士抬手作托举状,形象生动逼真。字体端正,笔法方硬,略有楷书之意。其文为:"太和□(十)九年十一月,使持节司空公长乐王丘穆陵亮夫人尉迟,为亡息牛橛请工镂石,造此弥勒像一区。愿牛橛舍于分段之乡,腾游无碍之境。若存托生,生于天上诸佛之所。若生世界妙乐自在之处,若有苦累,即令解脱三涂恶道,永绝因趣,一切众生,咸蒙斯福。"首行第三字缺损。

《长乐王丘穆陵亮夫人尉迟为亡息牛橛造像记》拓片
右读,首行第三个字缺损。通高65厘米,宽33厘米,文7行,满行16字

## 《步辇郎张元祖妻一弗为亡夫造像记》

本题记位于古阳洞北壁,又称《一弗造像题记》。据造像记文记载,此龛造于太和二十年(496年)。步辇郎张元祖在当时可能是一名给帝王荷步辇的,地位低微的人,其妻一弗氏为他造的龛也小。笔画略粗,重心聚中而微偏上。其文为:"太和廿年,步辇郎张元祖不幸丧亡,妻一弗为造像一区,愿令亡夫直生佛国。"

《步辇郎张元祖妻一弗为亡夫造像记》拓片
平面,高11厘米,宽31厘米,文10行,满行3字

## 《比丘慧成为亡父始平公造像记》

本题记位于古阳洞北壁窟门上方。此碑与其他诸碑不同之处是全碑用阳刻法，逐字界格，为历代石刻所仅见，在造像记中独树一帜，是北魏太和年间比丘慧成为追悼亡父，开凿供养佛龛所镌刻的造像题记。此龛完成时间有太和十二年（488年）和二十二年（498年）两种不同意见。蟠龙碑首，覆斗状座。字体端庄，笔锋有棱角，显得干净清爽。其文为："夫灵踪囗启。则攀宗靡寻。容像不陈。则崇之必囗。是以真颜囗于上龄。遗形敷于下叶。暨于大代。兹功厥作。比丘慧成。自以影濯玄流。邀逢昌运。率渴诚心。为国造石窟寺。诚系答皇恩。有资来业。父使持节光禄大夫洛州刺史始平公。奄焉薨放。仰慈颜。以摧躬囗。匪乌在囗。遂为亡父造石像一区。愿亡父神飞三智。五周十地。囗玄照。则万有斯明。震慧向。则大千斯瞭。元世师僧。父母眷属。凤翥道场。鸾腾兜率。若悟洛人间。三槐独秀。九蕀云敷。五有群生。咸同斯愿。太和囗二年九月十四日讫。朱义章书。孟达文。"

《比丘慧成为亡父始平公造像记》拓片
平面，通高75厘米，宽39厘米，文10行，满行20字，额2行，满行3字

## 《北海王元详造像记》

本题记位于洛阳龙门石窟古阳洞北壁，长乐王丘穆陵亮夫人尉迟造像龛上方，记述了元详随北魏孝文帝南伐迁都至洛阳的历史，根据题记可知造像开凿为太和十八年（494年）十二月十一日立愿，太和二十二年（498年）九月二十三日完工，历时三年又九个月。蟠龙碑首。笔法较为圆转，笔迹流畅。其文为："维太和之十八年十二月十一日，皇帝亲御六旌，南伐萧逆。军国二容，别于洛汭。行留两音，分于关外。太妃以圣善之规，戒途戒旅，弟子以资孝之心，戈言奉泪。其日，太妃还家，伊川立愿，母子平安，造弥勒像一区以置于此，至廿二年九月

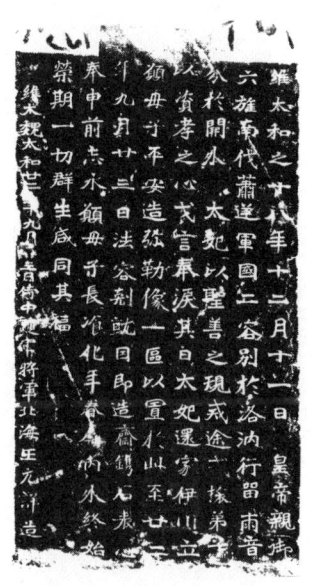

《北海王元详造像记》拓片
平面内凹，通高75厘米，宽40厘米，文8行，满行18字

廿三日，法容刻就，因即造斋，镌石表心，奉申前志。永愿母子长餐化年，眷属内外，终始荣期，一切群生，咸同其福。维大魏太和廿二年九月廿三日侍中、护军将军、北海王元详造。"

## 《司马解伯达造像记》

本题记位于古阳洞北壁，记述了游激校尉、司马解伯达为国为父母造弥勒像一区。北魏太和年间题。字体稳重，无松散下垂之感。其文为：

《司马解伯达造像记》拓片

碑面内凹，通高12厘米，宽34厘米，文14行，满行5字

"都绾关口游激校尉、司马解伯达，造弥勒像一躯，愿皇道赫宁，九荒沾泯，父母康延，智登十地，仕达日迁，眷属道场，声求向和，斯福必就，六趣群生，咸同此愿。太和年造。"

## 《北海王国太妃高为亡孙保造像记》

本题记位于古阳洞中心，北魏约太和末年至景明年间题。记述了高太妃为早死的孙子保造像一区。蟠龙碑首。字体端方，笔画纤细，于稳重中又显俊秀。其文为："孙保失乡，播越，□□□□历载，终始冥愆，未及免之，不幸早死，今为保造像一区，使永脱百苦。魏北海王国太妃高为孙保造。"

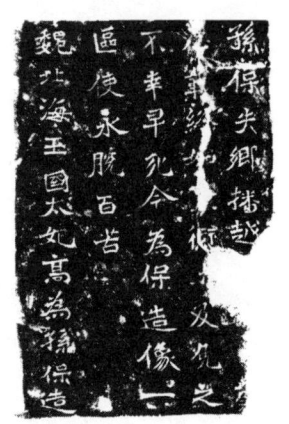

《北海王国太妃高为亡孙保造像记》拓片

平面，通高39.50厘米，宽25厘米，文5行，满行12字

## 《云阳伯郑长猷为亡父等造像记》

本题记位于古阳洞内窟门上南壁。记景明二年(501年)郑长猷为亡父、母皇甫、亡儿士龙,其妾陈玉女为亡母徐,各造弥勒像。笔法硬朗,起落处犹如刀削。其文为:"前□□太守护军长史,云阳伯□长猷为亡父敬造弥勒像一,一躯郑长猷为母皇甫敬造弥勒像一躯,一躯郑长猷为亡儿士龙敬造弥勒像一躯,一躯郑南阳妾陈玉女为亡母徐敬造弥勒像一躯。景明二年九月三日诚讫。"

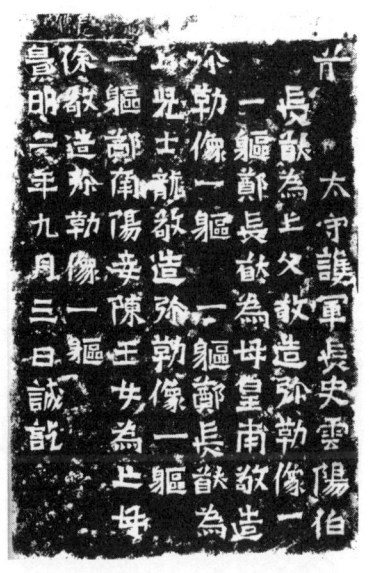

《云阳伯郑长猷为亡父等造像记》拓片
平面梯形,通高50厘米,宽34厘米,文8行,满行12字

## 《新城县功曹孙秋生、刘起祖二百人等造像记》

本题记位于古阳洞南壁。北魏景明三年(502年)五月二十七日题,记述了以孙秋生、刘起祖为首的200人为国祈福,造像一区。蟠龙碑首。笔触略圆润,重心居中而略向上扬。其文为:"邑子像(题额)。邑主中散大夫荥阳太守孙道务。(题额右)宁远将军中散大夫颍川太守安城令卫白犊。(题额左)大伐(代)太和七年,新城县功曹孙秋生、新城县功曹刘起祖二百人等敬造石像一区,愿国祚永隆,三宝弥显。有愿弟子荣茂春葩,庭槐独秀,兰条鼓馥于昌年,金晖

诞照于圣岁。现世眷属万福云归，洙输叠驾。元世父母及弟子等来身神腾九空，迹登十地，五道群生，咸同此愿。孟广达文，萧显庆书。（上部）"

## 《邑主高树、解伯都卅二人等造像记》

本题记位于古阳洞北壁。记载邑主高树、解伯都等32人的邑社造像，共同祝愿仙逝父母及见存眷属的来生。北魏景明三年（502年）五月三十日题。字体端庄稳重而又不失灵动，转角已有圆润之相。其文为："景明三年五月三十日，邑主高树、唯那解伯都卅二等造石像一区，愿元世父母及现世眷属，来身神腾九空，迹登十地。三有同愿。□高买奴、高恶子、王僧宝、夏侯林宗、高留祖、魏洪度、高乞德、高文成、左芝、高安都、高楚之、高郎胡、司马保、解佰勋、高文绍、高天保、亲英芝、盖定王、张定光、高南征、

《新城县功曹孙秋生、刘起祖二百人等造像记》拓片
中部略内凹，通高112厘米，宽49厘米，文15行，满行39字

高昙保、高副、高洛珍、杨洪佰、高思顺、邓通生、高珍保、孙山起、薛文达、高天生。"

## 《比丘惠感为亡父母造像记》

本题记位于古阳洞北壁，记述了比丘为亡父母造弥勒像一区。北魏景明三年（502）五月三十日题。笔触劲重，字体规整，如斩钉截铁之状。其文为："景明三年五月三十日，比丘惠感为亡父母敬造弥勒像一区，愿国祚永隆，三宝弥显，广劫师僧、父母、眷属与三途永求，福钟竟集，三有群生，咸同此愿。"

## 《广川王祖母太妃侯为亡夫广川王贺兰汗造像记》

本题记位于古阳洞顶部南侧。北魏景明三年（502年）八月十八日题，记述了侯太妃为亡夫广川王贺兰汗造弥勒像。蟠龙碑首。笔触利落，笔迹流畅，棱角分明。其文为："景明三年八月十八日，广川王祖母太妃侯为亡夫侍中、使持节、征北大将军、广川王贺兰汗造弥勒像，愿令永绝苦困，速成正觉。"

《广川王祖母太妃侯为亡夫广川王贺兰汗造像记》拓片
高51厘米，宽37厘米，文5行，满行10字

## 《邑主马振拜和维那张子成卅四人为皇帝造像记》

《邑主马振拜和维那张子成卅四人为皇帝造像记》拓片
平面上窄下宽，通高55厘米，上宽22.50厘米，文9行，满行15字

本题记位于古阳洞顶部近窟门处。北魏景明四年（503年）八月五日题，记述了以邑主马振拜为首的34人为皇帝造石像一区。此碑右肩以下残，碑面略有漫漶。蟠龙碑首。字体略瘦，笔画较细，整体俊秀爽利。其文为："邑子像（碑额）景明四年八月五日，邑主马振拜、维那张子成、维那许兴族卅四人为皇帝造石像一区。张引兴、刘苟生、陈野虎、孟游天、陈天起、陈兴族、张伏俱、陈显光、陈神欢、袁世标、路天副、路买、吴永洛、马常兴、张天生、张文安、董定贵、董道欢、路平高、罗始龙、马勾郎、董神扶、梁归喜、阳成遵、敬□□、任买德、陈延达、张欢喜、杨宗胜、孟□□□□□□张□董□□陈乐欢。"

## 《广川王祖母太妃侯为幼孙造像记》

本题记位于古阳洞顶部。北魏景明四年（503年）十月七日题，记述了侯太妃为己造弥勒像一区，为广川王造释迦牟尼像一区。碑面

《广川王祖母太妃侯为幼孙造像记》拓片
碑面内凹，高 25 厘米，宽 79.10 厘米，文 22 行，满行 6 字

中部有一条上下裂缝。字体圆角，重心偏左下，聚而不散。其文为：

"景明四年十月七日，广川王祖母太妃侯，自以流历弥劫，于法喻远，嘱遇像教，身乖达士，虽奉联紫晖，早顷片体，孤育幼孙，以绍蕃国，冰薄之心，唯归真寂。今造弥勒像一区，愿此微因，资润神识，现身永康，朗悟旨觉。远除旷世无明惚业，又延未来空宗妙果。又愿孙息延年，神志速就，胤嗣繁昌，庆光万世，帝祚永隆，弘宣妙法，昏愚未悟，咸发菩提。国学官令臣平乾虎为太妃广川王敬造释迦牟尼像一区。"

## 《比丘法生为孝文皇帝并北海王母子造像记》

本题记位于古阳洞南壁中层第二龛。字体优美，有钟繇之范，为二十品中所罕见。北魏景明四年（503年）十二月一日题，记述了比丘法生为孝文帝及北海王母子造像。碑面右上角有两道裂缝，题记两侧有礼佛图浮雕各一幅。用笔含蓄，锋芒内敛，实具唐楷之像。其文

二 艺术之龙门 | 115

《比丘法生为孝文皇帝并北海王母子造像记》拓片
通高33厘米,宽34厘米,文11行,满行13字

为:"夫抗音投洞,美恶必酬,振服依河,长短交目。斯乃德音道俗,水镜古今,法生傲逢孝文皇帝专心于三宝,又遇北海母子崇信于二京,妙演之际,屡叨末筵,一降净心,忝充五戒,思树芥子,庶几须弥。今为孝文并北海母子造像表情,以申接遇。法生构始,王家助终。夙霄缔敬,归功帝王。万品众生,一切同福。魏景明四年十二月一日比丘法生为孝文皇帝并北海王母子造。"

## 《邑主仇池杨大眼为孝文皇帝造像记》

本题记位于古阳洞北壁。北魏景明元年(500年)至正始三年(506年)间题,记述了邑主杨大眼为孝文帝造像一区。碑面下部有脱落、漫漶。蟠龙碑首,覆斗形座。字体端方稳重,笔迹清爽,转角分明。其文为:

"邑子像（题额）邑主仇池杨大眼为孝文皇帝造像记。夫灵光弗曜，大千怀永夜之悲，□踪不□，叶生含靡道之忏，是以如来应群缘以显迹，爰暨□□，□像遂著，降及后王，兹功厥作。辅国将军、直□将军、□□□□梁州大中正、安戎县开国子仇池杨大眼，诞承龙曜之资，远踵应符之胤，禀英奇于弱年，挺超群于始冠，其行也，垂仁声于未闻，挥光也，摧百万于一掌，震英勇则九宇咸骇，存侍纳则朝野必附。□王衢于三纷，扫云鲸于天路，南秽既澄，震旅归阙，军次□行，路经石窟，览先皇之明踪，睹盛圣之丽迹，瞩目彻霄，泫然流感，遂为孝文皇帝造石像一区，凡及众形，罔不备列，刊石记功，示之云尔，武。"

## 《安定王元燮为亡祖亡考亡妣造像记》

本题记位于古阳洞西南角上方。北魏正始四年（507年）二

《邑主仇池杨大眼为孝文皇帝造像记》拓片
平面，通高75厘米，宽40厘米，文11行，满行23字

《安定王元燮为亡祖亡考亡妣造像记》拓片
平面，高24厘米，宽38厘米，文13行，满行9字

月中题，记述了安定王元燮为亡祖及亡父母造像。碑面左端有一道裂缝，两侧有礼佛图浮雕各一幅。笔触集聚而不散，转角圆润。其文为："魏圣朝太中大夫安定□□□□王元燮造□□□□□□□亡祖亲太妃□□□□亡考太傅静王，亡妣蒋妃及见存眷属，敬就静窟造释迦之容并其立侍，众彩圆饰，云仙焕然。愿亡存居眷，永离秽趣，升超遐迹，常值诸佛龙华为会，又愿一切群生，咸同斯福，正始四年二月中记。"

## 《齐郡王元祐造像记》

本题记位于古阳洞南壁诸佛南侧。北魏熙平二年（517年）七月二十日题，记述了齐郡王元祐虔诚向佛，祈愿造像。碑面右上角脱落8字。笔触稳重，转角圆润。其文为："夫玄宗冲邈，迹远于尘关，灵范崇虚，理绝于埃境。若不图色相以表光，仪寻声教以陈妙轨，将何以依稀至像，仿佛神功者口（哉）持节督泾州诸军事、征虏将军、

**《齐郡王元祐造像记》拓片**
平面，高37厘米，宽36厘米，文16行，满行16字

泾州刺史、齐郡王祐，体荫宸仪，天纵淑茂，达成实之通途，识真假之高韵，精善恶二门，明生灭之一理，资福有由，归道无碍，于是依云山之逸状，即林水之仙区，启神像于青山，镂禅形于玄石，缔庆想于幽津，嘉应于冥运，乃作铭曰：茫茫玄极，眇眇幽宗，灵风潜被，神化冥通，舟舆为本，旷济为功，德由世重，道以人鸿，超观净境，遐绝尘□，图形泉石，构至云松，□□□□□三空，福田有庆，嘉应无穷。熙平二年七月廿日造。"

## 《比丘尼慈香、慧政造像记》

《比丘尼慈香、慧政造像记》拓片
横向内凹，圆角，高38厘米，宽38厘米，文10行，满行11字

本题记位于慈香窟内主尊佛座南侧地表上。北魏神龟三年（520年）三月二十日题，记述了比丘尼慈香、慧政虔心向佛，祈愿造窟。用笔柔和、自由，显得十分潇洒飘逸，在二十品中独树一帜。其文为："大魏神龟三年三月廿日，比丘尼慈香、慧政造窟一区，记乙。夫零觉弘虚，非体真邃，其迹道建崇，日表常范，无乃标美幽宗，是以仰渴法津，应像营微，福形且遥，生讬烦躬，愿腾无碍之境，逮及□恩，含润法界，□众□泽，□石成真，刊功八万，延及三从，敢同斯福。"

## 《比丘道匠为师僧父母造像记》

本题记位于古阳洞北壁之高树龛上方。北魏年间题，记述了比丘道匠为师僧及父母造像6区。碑面右端有两道裂缝。字体端庄稳重，笔法硬朗，笔锋若刀削。其文为："大觉去尘有生，谓绝寻刊处，形则应合无方，升峰由源，思果依本，是以比丘道匠，住与妙因。今悟尽性竭，已成心造像六区，上为皇道更隆，三宝无点。愿师僧父母，

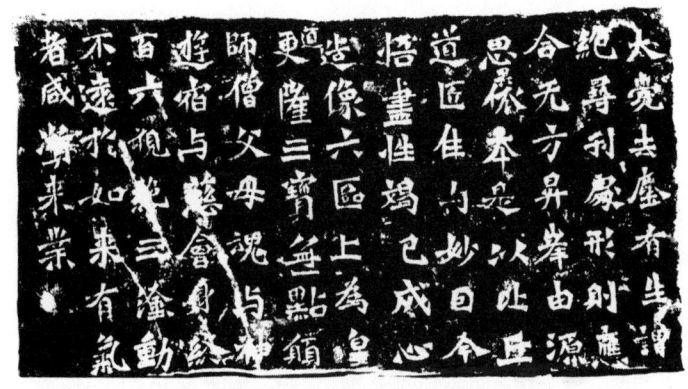

《比丘道匠为师僧父母造像记》拓片
平面，高23厘米，宽45厘米，文13行，满行7字

魂与神游，宿与慈会，身终百六，视绝三涂，动不远于如来有气者，咸资来业。"

## 《陆浑县功曹魏灵藏、薛法绍造像记》

本题记位于古阳洞北壁始平公西侧。北魏年间题，记述了魏灵藏、薛法绍为立佛祈愿，罄尽家产，造像一区。现碑已残，下端约缺三分之一，残碑高47厘米，上部有大裂缝。蟠龙碑首，覆斗形座。字体方整，笔锋锐利，转角略涩，颇具唐楷之意。其文为："释迦像（题额）魏灵藏（题额左）薛法绍（题额右）。"

"夫灵迹诞迈，必表光大之迹；玄功既敷，亦标希世之作。自双林改照，大千怀缀映之悲；慧日潜晖，含生衔道慕之思。是以应真悼三乘之靡凭，遂腾空以刊像，爰暨下代，兹容厥作。钜鹿魏灵藏、河

《陆浑县功曹魏灵藏、薛法绍造像记》拓片
宽39厘米，文10行，满行23字

东薛法绍二人等，乘豪光东照之资，阙兜率翅头之益，敢辄罄家财，造石像一区。凡及众形，罔不备列。愿乾祚兴延，万方朝贯。愿藏等挺三槐于孤峰，秀九蒜于华苑，芳实再繁，荆条独茂，合门荣葩，福流并叶，命终之后，飞逢千圣，神飏六通，智周三达，旷世所生元身眷属，舍百郛则鹏击龙花，悟无生则凤升道树。五道群生，咸同斯庆。陆浑县功曹魏灵藏。"

**"伊阙佛龛之碑"**

本碑位于宾阳中洞与南洞之间的崖面上，碑额为篆书"伊阙佛龛之碑"六字。亦称"伊阙碑""褚遂良碑"。

"伊阙佛龛之碑"通高约3.65米、宽1.90米。蟠螭碑首，形状略方，其上有仿木结构的屋檐建筑，屋脊正中刻迦陵频伽鸟，脊两端残留鸱尾。碑下部为龟趺座，头部残毁。宾阳中洞右侧力士的飘带飘入龟趺座腹下，这说明伊阙碑碑体和宾阳中洞为同一时期的工程，应为北魏开凿宾阳洞时的造像碑。到了唐代，李泰再次在南洞造像时，竟就势磨去原有碑文，重新刻碑。

伊阙碑由中书侍郎岑文本撰文，谏议大夫褚遂良书。字共32行，满行51字，计1600余字。碑文主要记述唐太宗第四子魏王李泰为其死去的母亲文德皇后长孙氏开窟造像的经过。内容可分为四个部分，即宣扬佛法、歌颂文德皇后、叙述开窟情况和作颂。碑刻完成时间为贞观十五年（641年）十一月。关于该碑的记载，始见于宋嘉祐六年（1061年）欧阳修之《集古录》及赵明诚之《金石录》。

碑文字体在运笔上则采用方圆兼施，捺脚，逆起逆止；横画竖入，竖画横起，首尾之间皆有起伏顿挫，提按使转以及回锋出锋也都有了一定的规矩；行笔潇洒，微杂隶意，笔力劲挺，瘦硬而具弹性，实为初唐楷书的典范。书丹者褚遂良，唐朝著名书法家。他的书法，初学虞世南，晚年取法钟繇、王羲之，融汇汉隶，丰艳流畅，变化多姿，自成一家。与欧阳询、虞世南、薛稷并称"初唐四大书家"，对后世书法产生了极大的影响。

碑文略曰："若夫藏室延阁之旧典，蓬莱宛委之遗文，其教始于六经，其流分于百氏，莫不美天地。……文德皇后，道高轩曜，德酌坤仪，淑圣表于无疆，柔明极于光大……忠谋著于房闼，孝敬申于宗祀。……左武侯大将军、相州都督、雍州牧、魏王体明德以居宗，膺茂亲而作屏，发挥方艺，兼包礼祀……疏绝壁于玉绳之表，而灵龛星列；雕口石于金波之外，而尊容月举……善建佛寺，以报鞠育之慈，广修福田，以资菩提之业，非纯孝者，其孰能与于此也。"

## 小知识◎褚遂良

唐代著名书法家、政治家。浙江钱塘（今杭州市）人。出生于隋文帝开皇十六年(596年)，卒于唐高宗显庆四年(659年)，享年63岁。从政生涯中多次出任宰相，曾参与唐太宗时期太子废立，唐太宗死后曾被任命为顾命大臣，后因反对唐高宗废王皇后、立武后而被贬，一路贬至爱州(今越南清化)刺史，后死于任所。

## 3. 龙门之文学

龙门地区历史悠久、风景秀美，北魏孝文帝迁洛，这里成为香火鼎盛、法缘悠长的佛教胜地，众多文人墨客、高官贵胄为之吟诗作赋，题字刻石，除了留下了无数珍贵铭刻，如"龙门二十品""伊阙佛龛之碑"等，还留下了众多优美诗篇流传于世，传诵至今。这些诗篇若按内容分，大致可以分为三种，一种为描绘龙门美好景色的咏景诗，再一种为触景生情、感怀龙门的抒情诗，最后一种为与龙门有关的叙事诗。

龙门依山傍水，风光旖旎，前来游玩的文人往往陶醉于清山秀水之中，或行走林间，或泛舟河面；尽情享受自然的同时，也每每留下美好诗篇。如：

清明日龙门游泛

唐·李峤

晴晓国门通，都门蔼将发。

纷纷洛阳道，南望伊川阙。

**《山西龙门山》木版画**
出自清雍正四年（1726年）的《钦定古今图书集成》插图

126 | 洛都圣像　龙门石窟

衍漾乘和风，清明送芬月。
林窥二山动，水见千龛越。
罗袂冒杨丝，香梳犯苔发。
群心行乐未，唯恐流芳歇。

晚渡伊水

唐·韦述

悠悠涉伊水，伊水清见石。
是时春向深，两岸草如积。
迢递望洲屿，逶迤亘津陌。
新树落疏红，遥原上深碧。
回瞻洛阳苑，遽有长山隔。
烟雾犹辨家，风尘已为客。
登陟多异趣，往来见行役。
云起早已昏，鸟飞日将夕。
光阴逝不借，超然慕畴昔。
远游亦何为，归来存竹帛。

龙门游眺

唐·韦应物

凿山导伊流，中断若天辟。
都门遥相望，佳气生朝夕。
素怀出尘意，适有携手客。
精舍绕层阿，千龛邻峭壁。
缘云路犹缅，憩涧钟已寂。

花树发烟华,淙流散石脉。
长啸招远风,临潭漱金碧。
日落望都城,人间何役役。

题龙门堰西涧
唐·白居易
东岸菊丛西岸柳,柳阴烟合菊花开。
一条秋水琉璃色,阔狭才容小舫回。
除却悠悠白少傅,何人解入此中来?

游龙门分题十五首(选三首)
宋·欧阳修
上 山
蹑蹻上高山,探险慕幽赏。
初惊涧芳早,忽望岩扉敞。
林穷路已迷,但逐樵歌响。

自菩提步月归广化寺
春岩瀑泉响,夜久山已寂。
明月净松林,千峰同一色。

伊川泛舟
春溪渐生溜,演漾回舟小。
沙禽独避人,飞去青林杪。

这些诗篇均以大量篇幅描写龙门的美景，反映出诗人畅游龙门时的愉悦心情。

另一方面，龙门的美景以及特有的宗教氛围，通常也会让游客感怀过往，咏叹人生。如：

龙门（即伊阙）

唐·杜甫

龙门横野断，驿树出城来。

气色皇居近，金银佛寺开。

往还时屡改，川水日悠哉。

相阅征途上，生涯尽几回。

游龙门奉先寺

唐·杜甫

已从招提游，更宿招提境。

阴壑生虚籁，月林散清影。

天阙象纬逼，云卧衣裳冷。

欲觉闻晨钟，令人发深省。

秋夜宿龙门香山寺，奉寄王方城十七丈，

奉国莹上人，从弟幼成令问

唐·李白

朝发汝海东，暮栖龙门中。

水寒夕波急，木落秋山空。

望极九霄迥，赏幽万壑通。

目皓沙上月，心清松下风。
玉斗横网户，银河耿花宫。
兴在趣方逸，欢余情未终。
凤驾忆王子，虎溪怀远公。
桂枝坐萧瑟，棣华不复同。
流恨寄伊水，盈盈焉可穷。

自左冯归洛下酬乐天兼呈裴令公
　　唐·刘禹锡
新恩通籍在龙楼，分务神都近旧丘。
自有园公紫芝侣，仍追少傅赤松游。
华林霜叶红霞晚，伊水晴光碧玉秋。
更接东山文酒会，始知江左未风流。

寻香山湛上人
　　唐·孟浩然
朝游访名山，山远在空翠。
氛氲亘百里，日入行始至。
杖策寻故人，解鞭暂停骑。
石门殊豁险，篁径转森邃。
法侣欣相逢，清谈晓不寐。
平生慕真隐，累日探奇异。
野老朝入田，山僧暮归寺。
松泉多逸响，苔壁饶古意。
谷口闻钟声，林端识香气。

愿言投此山，身世两相弃。

<br>

寄龙门僧
唐·李德裕
龙门有开士，爱我春潭碧。
清景出东山，闲来玩松石。
应怜林壑主，远作沧溟客。
为我谢此僧，终当理归策。

<br>

谒龙门无畏师塔祈雨作
宋·宋庠
梵圣遗灵骨，洪缘福故都。
慈深云不断，法遍雨常俱。
使节开真槲，天香奉供炉。
拳拳依帝力，余润冀昭苏。

<br>

春日游龙门山寺
宋·梅尧臣
还邀二三子，共到凿龙游。
阴壑泉初动，春岩气欲浮。
竹藏深崦寺，人渡晚川舟。
始觉山风急，归鞍不自留。

## 寄题龙门临伊堂兼呈现奉先寺兴公
### 宋·文彦博

山僧知我思归意，为我临伊创草堂。
闻说绕阶丛巨石，更须当槛植修篁。
窗间东望乾元刹，门外南趋积庆庄。
便拟半移生计去，不知何似畅师房。

## 龙　门
### 宋·司马光

石楼临晴空，南眺出千里。
人怜山气佳，余叹禹功美。
想彼未鉴时，极目皆洪水。
谁知耕桑民，幸免鲂与鲤。

## 答龙门潘秀才见寄
### 宋·黄庭坚

男儿四十未全老，便入林泉真自豪。
明月清风非俗物，轻裘肥马谢儿曹。
山中是处有黄菊，洛下谁家无白醪。
相得秋来常日醉，伊川清浅石楼高。

## 龙门杂诗
### 金·元好问

石楼绕清伊，尘土天所限。
人言无僧久，草满不复铲。

滩声激悲壮，山意出高寒。
当年香山老，挂冠遂忘返。
高情留诗轴，清话入禅版。
谁言海山去，萧散仍在眼。
溪寒不可涉，倚杖西林晚。

中国文人习惯于细微处见精神，于风景中见风骨，来到如画般美丽的龙门，感受宝相庄严的佛法圣像，自是更多感慨与思考。

龙门作为名胜之地，水陆交通要道，向来不缺乏故事，而用诗篇记述以至歌颂这些故事也绝不鲜见，如之前"香山赋诗夺锦袍"中的应制诗，既是对武则天的歌功颂德，亦是对这一盛事的实际记述。再如一向以写实著称的白居易，在龙门居住多年，自也留下众多叙事诗篇。如：

### 开龙门八节石滩诗二首并序
#### 唐·白居易

东都龙门潭之南有八节滩、九峭石，船筏过此，例反破伤。舟人楫师推挽束缚，大寒之月，裸跣水中，饥冻有声，闻于终夜。予尝有愿，力及则救之。会昌四年，有悲智僧道遇，适同发心，经营开凿，贫者出力，仁者施财。於戏！从古有碍之险，未来无穷之苦，忽乎一旦尽除去之，兹吾所用适愿快心，拔苦施乐者耳！岂独以功德福报为意哉？因作二诗，刻题石上，以其地属寺，事因僧，故多引僧言见志。

铁凿金锤殷若雷，八滩九石剑棱摧。

竹篙桂楫飞如箭，百筏千艘鱼贯来。
振锡导师凭众力，挥金退傅施家财。
他时相逐四方去，莫虑尘沙路不开。
七十三翁旦暮身，誓开险路作通津。
夜舟过此无倾覆，朝胫从今免苦辛。
十里叱滩变河汉，八寒阴狱化阳春。
我身虽殁心长在，暗施慈悲与后人。

## 重修香山寺毕题二十二韵以纪之
### 唐·白居易

阙塞龙门口，祇园鹫岭头。
曾随减劫坏，今遇胜缘修。
再莹新金刹，重装旧石楼。
病僧皆引起，忙客亦淹留。
四望穷沙界，孤标出赡州。
地图铺洛邑，天柱倚嵩丘。
两面苍苍岸，中心瑟瑟流。
波翻八滩雪，堰护一潭油。
台殿朝弥丽，房廊夜更幽。
千花高下塔，一叶往来舟。
岫合云初吐，林开雾半收。
静闻樵子语，远听棹郎讴。
官散殊无事，身闲甚自由。
吟来携笔砚，宿去抱衾裯。
霁月当窗白，凉风满簟秋。

烟香封药灶,泉冷洗茶瓯。
南祖心应学,西方社可投。
先宜知止足,次要悟浮休。
觉路随方乐,迷途到老愁。
须除爱名障,莫作恋家囚。
便合穷年住,何言竟日游。
可怜终老地,此是我菟裘。

**奉和春日游龙门应制**
  唐·武三思
凤驾临香地,龙舆上翠微。
星宫含雨气,月殿抱春辉。
碧涧长虹下,雕梁早燕归。
云疑浮宝盖,石似拂天衣。
露草侵阶长,风花绕席飞。
日斜宸赏洽,清吹入重闱。

**从幸香山寺应制**
  唐·沈佺期
南山奕奕通丹禁,北阙峨峨连翠云。
岭上楼台千地起,城中钟鼓四天闻。
旃檀晓阁金舆度,鹦鹉晴林采眊分。
愿以醍醐参圣酒,还将祇苑当秋汾。

龙门应制

唐·宋之问

宿雨霁氛埃，流云度城阙。

河堤柳新翠，苑树花先发。

洛阳花柳此时浓，山水楼台映几重。

群公拂雾朝翔凤，天子乘春幸凿龙。

凿龙近出王城外，羽从琳琅拥轩盖。

云罕才临御水桥，天衣已入香山会。

山壁嶄岩断复连，清流澄澈俯伊川。

雁塔遥遥绿波上，星龛奕奕翠微边。

层峦旧长千寻木，远壑初飞百丈泉。

**龙门东山香山寺建筑群**

唐朝香山寺，原在东山南麓，金元之际被毁。现今之香山寺，位于香山之半腰，为清朝学政汤右曾等人于康熙四十七年（1708年）重建。内有建筑如九老堂、大佛殿、白文公祠、观音堂、乾隆御碑亭等

彩仗蜿蜒绕香阁，下辇登高望河洛。
东城宫阙拟昭回，南阳沟塍殊绮错。
林下天香七宝台，山中春酒万年杯。
微风一起祥花落，仙乐初鸣瑞鸟来。
鸟来花落纷无已，称觞献寿烟霞里。
歌舞淹留景欲斜，石关犹驻五云车。
鸟旗翼翼留芳草，龙骑駸駸映晚花。
千乘万骑銮舆出，水静山空严警跸。
郊外喧喧引看人，倾都南望属车尘。
嚣声引飚闻黄道，佳气周回入紫宸。
先王定鼎山河固，宝命乘周万物新。
吾皇不事瑶池乐，时雨来观农扈春。

作为中国古代最高产的诗人，乾隆皇帝在中国古代文学史上占有一席之地，而他对龙门、对香山的颂咏则同时兼有前面所提到的三种风格。如：

### 题香山寺二首
清·爱新觉罗·弘历（高宗乾隆皇帝）

（一）

龙门凡十寺，第一数香山。
自古才华地，当秋旱跸间。
阙峰迎崖薜，伊水俯潺溪。
始见人枫叶，霜前三两段。

（二）

静室暂周旋，兴怀每怡然。

如斯看水逝，不改是峰连。

画意谁能貌，吟情祇合蠋。

虑输白少傅，已著祖生鞭。

这些或优美或感怀或写实的诗篇，处处体现出龙门与文学的不解之缘。

**乾隆诗碑**

位于香山寺避暑楼东，高1.93米，宽0.69米，行草书，正文5行，行17字。为乾隆十五年（1750年）九月立。现在其外加装玻璃罩

# 三 考古之龙门

北魏至唐宋时期，洛阳佛教鼎盛，特别是唐宋时期，龙门名僧大德云集，古刹名寺林立。金元以降，屡经兵燹，佛寺大多毁废。关于龙门寺院之名数，众说纷纭；由于寺院营建毁废之事正史鲜有记载，今人对于其时龙门寺院之盛，只能根据后人流传下的只言片语，加以想象。建国后，随着科学考古工作的开展，前人所述之唐宋龙门十寺，也逐渐被揭开，世人也得以更多地了解当时当地佛教发展的情况。

# 1. 唐宋佛寺遗址

**敬善寺**

龙门十寺中,有较早纪年证据的当属敬善寺。今存西山老龙洞的唐显庆三年(658年)佛弟子杨真藏为亡祖于洛州龙门敬善寺之南西颊造阿弥陀像一铺记、今存西山敬善寺洞中的唐李孝伦撰《龙门敬善寺石像铭并序》以及今存西山赵客师洞的唐显庆五年(660年)洛州偃师县杨君植为妻肖氏亡于龙门敬善寺造阿弥陀像记等三则造像铭刻,从一个方面证明早在显庆三年之前,龙门

**敬善寺洞雕像**
这尊力士雕像刚健威武,却又不失活泼之感

就存在有敬善寺。1981年4月，洛阳市文物工作队在龙门东山北麓发掘了唐代定远将军安菩及其妻合葬墓，出土有墓志等文物。根据墓志介绍，敬善寺的位置在龙门北口伊水东二里之山麓，即今龙门啤酒厂内。

## 香山寺

位于香山南麓，今洛阳轴承厂龙门疗养院一带，而非今天龙门之香山寺。天授元年（690年）武则天称帝，梁王武三思奏请正式立为香山寺。唐文宗大和六年（832年），白居易重修，并撰写《修香山寺记》，于是寺名大振。白居易自己常年居住于香山寺内，自号"香山居士"，并与香山寺如满和尚结香火社，后又与旧吏遗老胡杲、李元爽、如满等九位老人结为"香山九老会"。会昌六年（846年）白居易去世，其家人按照遗嘱将其葬于香山寺附近如满法师塔之侧。北宋时，香山寺依然存在，欧阳修、蔡襄、宋敏之、晁冲之均有登游歌咏之诗。金代元好问、周昂也有咏香山寺诗。大约在金元之际，香山寺毁废。

## 奉先寺

位于龙门西山南麓，今魏湾村北山坡上。非今之龙门西山中部的大卢舍那佛像龛，而是指"调露元年（679年）己卯八月十五日，奉敕于大像（指大卢舍那佛像）南置大奉先寺"。据《旧唐书·五行志》记载："开元十年（722年）二月四日，伊水泛涨，毁都城南龙门天竺、奉先寺。"同年十二月五日，与龙花寺合并。

## 龙花寺

何时何地建寺，史籍不载。据推测，当在奉先寺附近，今龙门南口西侧魏湾村北一带。关于龙花寺的记载，主要来自于《奉先寺大卢舍那像龛记》："牒，敕旨龙花寺宜合作奉先寺。开元十年十二月五日。"二寺的合并，当在同年二月四日奉先寺被淹毁之后。

## 天竺寺

唐睿宗景云二年（711年），天竺僧人宝思惟所创建，具体位置今难以确定。开元十年（722年），与奉先寺一起为伊水淹毁。唐代宗宝应元年（762年）择址重建，是为西天竺寺，新址位于龙门西北寺沟村。五代时，被焚毁。宋神宗元丰七年（1084年），河南马守则率家人再次重建。元代后，再次被毁。

## 菩提寺

唐开元十四年（726年）以前建立。据白居易《菩提寺上方晚望香山寺寄舒员外》《菩提寺上方晚眺》诗，菩提寺时位于西山之南，与东山之阳的香山寺遥相对应。宋欧阳修有《晚登菩提寺上方》一诗，可能指同一寺，但寺何时兴废，今已无从考。

## 广化寺

位于今龙门街西北0.5公里许的岗丘上,唐肃宗乾元元年(758年),由汾阳王郭子仪奏请,于天竺高僧无畏三藏塔院的旧址上修建。唐末直至北宋,寺院达于极盛。明清时期亦屡有重修,1966年被毁。

## 乾元寺

唐乾元二年(759年)创建。据明朝孙应奎《乾元寺记》载:寺旧址原在伊阙山东巅。明嘉靖三十九年(1560年),僧人道连迁寺于山下,即今之乾元寺。清乾隆四年(1739年)重修。1944年,洛阳沦陷时,为日军所拆除。

## 宝应寺

位于今龙门西北广化寺南侧沟内。创建于唐代宗宝应元年(762年)。1983年12月,洛阳市在此修建粮仓时,曾出土了"大唐东都荷泽寺殁故第七祖国师大德于龙门宝应寺龙腹建身塔铭并序"碑,即"神会塔铭",由此可知,此地即为当时之宝应寺。元代以后,寺被毁。

## 潜溪寺

根据《金石录》及宋金诗人的记载,并结合龙门地望和相关传说,遗址当位于龙门西北广化寺沟内,位于广化寺与宝应寺之间,而非今龙门西山北端之潜溪寺窟。潜溪寺不见于唐时记录,至北宋时方有其名,如梅尧臣、宋庠、文彦博等人游龙门诗中就有提及。金朝时,张子羽有《游龙门访潜溪精舍》一诗,可知其时寺尚存。金元之际,毁于战火。

## 2. 唐宋时期墓葬

唐宋时期，龙门地区古刹名寺遍布，众多高僧亦因此集聚于此，他们圆寂后往往安葬或迁葬于龙门地区，其中一些是被朝廷"敕葬"某寺安厝的。这些墓葬，在建国后的考古发掘中，多有发现。现择其重要者记述如下：

**唐神会墓**

于1983年12月被发现清理，位于龙门西山洛阳市粮食局粮库院内一狭长、呈东西走向的三级台地上，此处原系龙门唐代十寺之一的宝应寺旧址。墓葬为一近似正方形的竖穴土坑墓，内藏石棺，由13块青石板构筑而成，长1.25米，宽1.13米，高1.20米。石棺内出土大量珍贵文物，如鎏金铜塔式罐、铜净瓶、铜手炉、银盒、黑漆陶钵等。而墓内最重要的发现为刻于石棺东壁上部第一块石板上的《大唐东都荷泽寺殁故第七祖国师大德于龙门宝应寺龙腹建身塔铭并序》。这篇铭刻由神会门人比丘慧空撰文、比丘法璘书丹，全文计350余字。《塔铭》主要肯定了禅宗从初祖达摩直至六祖慧能再至神会的南宗传法谱系,并载明神会于乾元元年(758年)五月十三日坐化于荆州开元寺,享年75岁,僧腊54,永泰元年(765年)十一月十五日立身塔于龙门宝应寺龙岗中,最后,还述及了按照神会生前遗愿迎葬龙门山的经过。

《神会塔铭》不仅澄清了佛教史籍以往对神会寂灭的时间、地点及年岁等记载上的错误,同时还确定了龙门唐代宝应寺的具体位置,是一件举足轻重的佛教文物。

## 唐白居易墓

位于龙门东山北麓的琵琶峰上,现存墓葬系康熙四十八年(1709年)学政汤右曾等重建。1961年与龙门石窟同时被公布为全国重点文物保护单位。

墓冢系一圆丘形封土堆,直径52米,高4米余,前立一通高2.80米的墓碑,正书大字"唐少傅白公墓"系康熙四十八年内廷侍直日讲官、左春坊左中允吴郡汪士宏所题。神道两侧各立石碑三通。左侧三碑依次为太守赵于京题字碑、乾隆五十五年(1790年)高密单可瑊重立之《唐太子少傅香山白文公墓》碑及乾隆三十六年(1771年)所立之《特调洛阳县正堂候补同知张公捐修碑》等,右侧三碑为日本友人所立。

**唐代彩绘镇墓兽**

镇墓兽是我国古代墓葬中常见的一种怪兽;是为镇慑鬼怪、保护死者灵魂不受侵扰而设置的一种冥器;其外形抽象,构思谲诡奇特,形象恐怖怪诞,具有强烈的神秘意味和浓厚的巫术神话色彩。这尊镇墓兽出土于河南洛阳龙门花园村

**白居易墓**
白居易临终"遗命不归下邽,可藏香山如满师塔之侧。家人从命而葬焉"(《旧唐书·白居易传》)

## 唐定远将军安菩夫妇墓

位于龙门东山东麓(今龙门啤酒厂内),1981年4月被发现清理,墓地西距伊水约1公里。

墓葬自北向南分别为墓道、墓门、甬道和墓室。出土随葬品共计129件,包括三彩器50件、单色釉陶器61件、陶瓷器13件、罗马金币1枚、瑞兽葡萄纹铜镜1件、开元通宝2枚及玛瑙珠1件等。罗马金币经鉴定,系东罗马福克斯皇帝时期的铸币,年代为602～610年。

墓中还出土一方石墓志,上刻楷书大字"大唐定远将军安君志"。

**唐代黄绿釉伶俑**

1981年，此伶俑于洛阳龙门安菩夫妇墓出土，现藏于洛阳博物馆。伶人是古代对以演戏、唱歌或乐舞为生艺人的通称

志正方形，边长0.45米，厚0.10米，志文22行，满行22字。

根据墓志可知：墓主讳菩，字萨，其先系安国大首领，破匈奴，衙帐百姓归中国，被封为定远将军。高宗麟德元年（664年）十一月七日卒于长安金城坊之私第。享年64岁。以其年十二月十一日窆于龙首原南平郊。夫人何氏，其先为何大将军长女，封金山郡太夫人，武周长安四年（704年）正月二十日卒于洛都惠和坊之私第。享年83岁。是年殡于洛城南敬善寺东，去伊水二里山麓。孤子金藏（安金藏，新旧《唐书》内均有传）为母守坟6年，于中宗景龙二年（708年）九月将父骸由长安迁到洛阳，与母合葬。

该墓墓志不仅提供了墓主相关信息，还明确指出墓葬位于"洛阳城南敬善寺东，去伊水二里山麓"，对于确定龙门唐代敬善寺的具体位置有极大助益，是一件弥足珍贵的文物。

不过由于发掘工作并未全面展开，所以很多墓葬，尤其是绝大多数高僧墓，并不能确定具体位置。对于这些还未发现的墓葬，仅能根据有关文献及铭刻资料，指出在龙门的大致葬地。如葬在龙门香山或香山寺的高僧唐西京广福寺日照、武周西明寺圆测、唐洛京佛光寺如满，葬在奉先寺的高僧唐京兆慈恩寺义福、唐东都广福寺金刚智、唐东都临坛开法大师如信、唐东都十律大德长圣善寺钵塔院主智如，葬在广化寺的高僧唐洛京圣善寺善无畏、后唐洛京长寿寺净土院住持可止、后汉洛京法林院僧照、后周洛京福先寺道丕、广化寺僧令观，葬在宝应寺的高僧唐东都奉国寺禅德大师神照、宋西京广爱寺普胜，葬在天竺寺的高僧唐洛京天竺寺宝思惟、唐东都弘圣寺临坛大德真坚，葬在菩提寺的高僧北宋西京天宫寺义庄，葬在乾元寺的高僧香山禅师义琬，葬在龙门山的高僧唐京兆大荐福寺义净、唐洛京智慧、唐洛京长寿寺菩提流支、唐洛京天宫寺惠秀等。

**唐三彩鸽子帽文官俑**
洛阳龙门安菩夫妇墓出土，现藏于洛阳博物馆

---

**小知识◎龙门石窟的人为破坏**

　　龙门石窟历史上有意识的人为破坏大致分为两个阶段：第一阶段，从5世纪末开窟到19世纪末。这一时期主要的破坏即来自于唐武宗及后周世宗毁佛灭法以及历代的战乱。相传，后周时期，赵匡胤在洛阳夹马营出生时，"天红三日"，"当时人曰龙门石佛成精，去打石佛，残去多数"（郭玉堂《洛阳古物记》手抄本）。不过，就石窟整体而言，重要的大中型窟龛在当时还是基本完整地保存了下来。第二阶段，20世纪初到20世纪40年代末。这一时期主要是帝国主义文物盗贼勾结民族败类如北京的古玩奸商岳彬之流，对龙门石窟的艺术珍品进行大规模的盗凿，特别是民国19年（1930年）至24年（1935年）间，大量佛像石刻精品被盗凿并流失海外。

据1965年调查统计，仅西山大中型洞窟被盗痕迹就多达780余处。特别值得注意的是，"文革"时期，由于时任洛阳市委第一书记吕英以及众多基层群众的极力保护，龙门石窟基本未受任何人为破坏。

## 3. 文物保存现状与维护

龙门石窟自北魏开凿以来，历经 1500 余年，由于风吹、雨淋、日晒、冰冻以及岩石构造等自然原因，石窟岩体和雕刻品风化剥落日趋严重，同时由于历史原因，蓄意盗凿等活动对石窟造成了极大的破坏。此外，现代工农业生产、交通、旅游事业的发展使石窟区的环境不断恶化，也对石窟本身带来了不良影响，因此，加强对石窟的保护和管理，显得尤为重要。

石窟自开凿之日起，保护与维修工程就如影随行。历代都以不同的形式，对其进行保护，实施增建或改建工程。如北魏开窟时，大量

**奉先寺迦叶残像**
历经千年，龙门石窟的一些造像已有破损。而对龙门石窟的保护，需要全社会的关心与支持

窟龛设计使用穹隆顶，即是为了增加洞窟稳定性。唐代开窟时，多注意在窟口上方凿出"人"字形排水沟槽，有的还在窟口上方崖面铺设防水石板雨罩。宋代多在窟龛外侧搭建木构殿堂，以保护内部雕像；虽然现在看来有些处理不够科学，有时候甚至为了打造榫卯孔槽而破坏了石窟原貌，但在当时确实是极大的保护。元明清直至民国，各时期都采取过加修窟门及搭建窟檐等方法对石窟内部进行保护。1936年东山擂鼓台中洞与北洞间墙塌毁，地方政府安排进行修砌石墙加以保护。同时，为了防止人为破坏盗凿，民国时期，政府曾派驻军队，地方百姓亦曾自发组织护卫队保护石窟。

中华人民共和国成立后，龙门石窟得到了应有的保护，1970年之前，是以防止人为破坏的社会保护为主；1971年之后，进行技术保护、实施保护维修工程，成为新的工作重点，龙门石窟的保护工作开始进入新的历史阶段。

从1971年至1985年，龙门石窟连续进行了一系列的抢险加固工程，采用环氧树脂等化学材料灌浆结合工程金属铆杆加固的方法，对洞窟造像及岩体进行加固，以达到整体稳定，防止石窟围岩和石刻造像的倒塌及崩落。这一时期，主要利用这种方法进行加固的窟龛造像包括奉先寺九尊大像、奉先寺西南角溶洞、伊阙佛龛之碑、潜溪寺、宾阳三洞以及净土堂、东山各洞等。

在对窟龛造像进行加固的同时，文保人员对危害洞窟的现象进行了详尽的观察、记录和研究，发现洞窟周围特别是窟顶树木对石窟的危害：树木的生长加剧了岩石裂隙的发生和发展，并直接影响到石窟内部岩体的稳定，大量树木的生长极易造成石窟岩体的崩裂与塌毁。同时，亦根据观察研究，发现了部分洞窟潮湿的真正原因：部分洞窟窟口建有后世砖券门洞，有的窟口外侧建有房屋，这些建筑导致洞窟环境封闭，严重影响了洞窟内部的通风，造成洞窟内凝结水积聚，溶蚀岩体，破坏造像。为改善洞窟生态环境，保护洞窟及所在岩体的整体稳定性，文保人员清理了窟顶、边坡树木，拆除了后世不合理搭建，从而稳定了洞窟内的岩体，改善了洞窟内的通风条件，降低了洞窟内部空气湿度，使得洞窟得到了有效的保护。同时，拆除后世附加建筑，也使一大批原先被掩藏的珍贵雕刻品及铭刻题记重现原貌，丰富了石窟材料。

在1971年至1985年工作的基础上，龙门石窟随之开始了一系列相关的综合治理工程：

第一，岩体及洞窟的进一步加固。包括切割分离危险岩体，灌浆结合工程金属铆杆加固洞窟造像及岩体，对危险岩体进行外部支护，

**潜溪寺上方保护层**
由于在潜溪寺窟顶做了钢筋混凝土网板防水层，渗水显著减少了

使用化学制剂粘连破裂雕刻品等。并开始清理洞窟内部积石积土，进一步改善洞窟内部环境等；在清理过程中，新发现大量雕刻残块甚至大小龛像，如在宾阳北洞窟前清理出大小洞窟30余个，残断佛像、雕刻30余件。

第二，合理修建排水沟、窟檐、大型防水雨篷及窟顶防渗层。如摩崖三佛、石牛溪、火烧洞和宾阳三洞的防水雨篷，奉先寺与潜溪寺的窟顶防渗层。

第三，修建防护围墙、栏杆。一方面杜绝了非开放时间人们进窟和随意刻画的现象，有效地保护了石窟和文物的安全，防止文物意外被毁事件，另一方面也有效地保护了游客的安全。

第四，为方便游人参观、安全检查及研究工作而修建台阶栈道。新修建的沟通各大洞窟的栈道，极大便利了针对石窟进行的各项活动。

第五，危害洞窟安全的杂草树木的治理。自1987年开始，大面积清除了窟龛顶上方及洞口附近的树木、杂草，并严格控制绿化范围，并规定窟顶植树应在洞窟水平距离50米以外。

这些工程，使龙门石窟区内洞窟造像得到了有效的维修和保护。这些文物保护经验值得全国其他地区石窟保护人员学习与借鉴。

龙门石窟，是中古时期中国佛教艺术的巅峰之作，是中国古代劳动人民聪明才智的结晶，是中华民族艺术史上的辉煌篇章。在新世纪，龙门石窟这座艺术宝库，定能发出更耀眼的光芒！

图书在版编目（CIP）数据

洛都圣像：龙门石窟 / 陈晶鑫著. — 郑州：中州古籍出版社，2014.7
（华夏文库）
ISBN 978-7-5348-4606-9

Ⅰ.①洛… Ⅱ.①陈… Ⅲ.①龙门石窟 – 介绍 Ⅳ.①K879.23

中国版本图书馆CIP数据核字（2014）第001434号

华夏文库·佛教书系
洛都圣像：龙门石窟

总 策 划　耿相新　郭孟良
责任编辑　岳鸳鸯
责任校对　王　健
封面设计　新海岸设计中心
版式设计　曾晶晶
美术编辑　王　歌
责任印制　刘新毅
项目统筹　单占生　萧　红（执行）

出　版　中州古籍出版社
　　　　　地址：河南省郑州市经五路66号
　　　　　邮编：450002
　　　　　电话：0371-65788693
经　销　新华书店
印　刷　河南新华印刷集团有限公司
版　次　2014年7月第1版
印　次　2014年7月第1次印刷
开　本　960毫米×640毫米　1 / 16
印　张　10印张
字　数　80千字
印　数　1–3000册
定　价　26.00元

本书如有印装质量问题，由承印厂负责调换